Martin Stangl

Winterfahrplan für den Garten

Arbeiten von Oktober bis März

BLV Garten- und Blumenpraxis

BLV

CIP-Titelaufnahme der Deutschen Bibliothek

Stangl, Martin:
Winterfahrplan für den Garten: Arbeiten von Oktober bis März / Martin Stangl. – München; Wien; Zürich: BLV, 1989
(BLV Garten- und Blumenpraxis; 356)
ISBN 3-405-13752-7
NE: GT

Bildnachweis

Alle Fotos vom Autor, außer:
Reinhard: 47, 100
Sammer: 6/7, 30/31
Stehling: 2

Umschlagfotos: Harcuba (Vorderseite)
Stangl (Rückseite)

BLV Verlagsgesellschaft mbH
München Wien Zürich
8000 München 40

BLV Garten- und Blumenpraxis 356

Gesamtherstellung: R. Oldenbourg, München

Printed in Germany · ISBN 3-405-13752-7

Inhalt

6 Ziergarten

Blumenzwiebeln legen 8
Balkonpflanzen im Winterlager 11
Kübelpflanzen einwintern 15
Dahlien, Gladiolen und andere Knollenpflanzen überwintern 18
Herbstpflanzung von Ziergehölzen, Rosen und Hecken 20
Herbstarbeiten und Winterschutz bei Stauden 21
Winterschutz bei Rosen 25
Winterschutz bei Rhododendron und anderen Immergrünen 27
Wohin bloß mit dem vielen Laub? 29
Der Gartenteich im Winter 34
Gehölze bei starkem Schneefall abschütteln 37
Am 4. Dezember ist Barbara 38
Ziersträucher auslichten und verjüngen 39
Hecken schneiden und verjüngen 42
Bäume und Sträucher umpflanzen 44
Schneeheide gleich nach der Blüte zurückschneiden 46
Überhang beseitigen 47
Die gefiederten Gäste 47

52 Gemüsegarten

Eine Bodenuntersuchung schützt vor Düngefehlern 54
Unkrautbekämpfung vor Winterbeginn 57
Bodenbearbeitung vor Winterbeginn 59
Arbeiten am Kompostplatz 60
Hügel- und Hochbeete haben sich bewährt 62
Frisches Gemüse den ganzen Winter lang 66
Winterarbeiten im Kleingewächshaus 79
Gesunde Gewürze auch im Winter 82
Rund um den Samen 84
Anbauplan für das neue Gartenjahr 86
Der Mistbeetkasten wird gepackt 87

92 Obstgarten

So läßt sich Obst am besten lagern 94
Schutz vor Wildverbiß und Mäusen 96
Was tun gegen Frostschäden 99
Pflanzung von Obstbäumen 101
Obstbäume schneiden 106
Wundenpflege 112
Umveredlungen vorbereiten 113
Andere wichtige obstbauliche Pflegearbeiten vor Winterbeginn 115
Winterarbeiten beim Beerenobst 117

121 Geräte und Zubehör

Das große Ab- und Aufräumen 121
Vor Frost schützen ... 122
Rasenmäher und Spritzgerät »einwintern« 124
Gerätehütte »stöbern«, Gerätepflege 125

127 Register

Ziergarten

Gartenarbeiten	Oktober	November	Dezember	Januar	Februar	März
Blumenzwiebeln legen	■	■				
Balkon- und Kübelpflanzen einwintern	■	■				
Dahlien, Gladiolen und andere einwintern	■					
Pflanzung von Ziergehölzen, Rosen, Hecken	■	■	■			■
Winterschutz bei Rosen		■				
Ziersträucher auslichten und verjüngen		■	■	■	■	■
Ältere Sträucher und Bäume verpflanzen		■	■	■	■	
Nistkästen reinigen	■	■				

Blumenzwiebeln legen

Im Spätherbst wird bereits das nächste Frühjahr vorbereitet. Jetzt kommen all die hübschen Frühlingsblüher in den Boden, wobei Tulpen, Narzissen und Hyazinthen auf Beeten vorteilhaft mit Stiefmütterchen, Maßliebchen oder Vergißmeinnicht kombiniert werden. So entstehen besonders farbenprächtige Bilder. Auch die Staudenpflanzung beginnt bereits im Frühjahr zu blühen, wenn wir in den Hintergrund gruppenweise Tulpen oder Narzissen in den Boden bringen, wobei jede Gruppe eine andere Farbe haben kann. Wenn die Tulpen und Narzissen verblüht sind, wachsen die sommer- oder herbstblühenden Stauden in die Höhe und verdecken das vergilbende Laub der Frühlingsblüher. Während die allgemeine Faustregel besagt, Blumenzwiebeln etwa dreimal so hoch mit Erde zu bedecken wie sie stark sind, Tulpen also 10–15 cm, können wir sie im Staudenbeet durchaus 20 cm tief in den Boden legen. Sie blühen deshalb zur selben Zeit wie die in »richtige« Tiefe gelegten, werden aber bei der Bodenbearbeitung nach der Blüte nicht gestört. So können wir sie viele Jahre lang am gleichen Platz belassen.

Wer im Garten ein Beet mit zwei Reihen Edelrosen bepflanzt hat, um im Sommer Blumen für die Vase schneiden zu können, kann dazwischen zwei Reihen Tulpenzwiebeln legen. Solange die Tulpen blühen, befinden sich die Rosen erst im Austrieb. Wachsen diese dann in die Höhe, vergilbt das Tulpenlaub und kann abgeschnitten werden. Auf diese Weise haben wir bereits im April/Mai Blumen zum Schnitt oder können uns an dem Beet beim Blick durchs Zimmerfenster freuen. Wer will, kann mit dem Legen der Zwiebeln warten, bis es zum Ende der Blumenzwiebelsaison, also im November, preiswerte Sonderangebote gibt, etwa eine Farbmischung einfacher frühblühender Tulpen.

Mobile Zwiebelblumen in Schalen
Praktisch ist es, vor allem in kleinen Gärten, einen Teil der Tulpen oder Hyazinthen in perforierte runde Pflanzschalen, Durchmesser 30 cm, Höhe 6,5 cm bzw. 25/8 cm zu legen. Man kann die Pflanzung bei schlechter Witterung in einem trokkenen Raum vorbereiten und eingraben, wenn's draußen schön ist. In der Schale kommen Wühlmäuse nicht so leicht an die Zwiebeln heran. Der Hauptvorteil liegt aber darin, daß die Zwiebeln nach der Blüte nicht mehr auf der Pflanzfläche verbleiben müssen, bis die Blätter vergilbt und eingezogen sind. Wir können die Schalen mit den verblühten Blumenzwiebeln sofort ausgraben und sie an einen Abstellplatz bringen. In einer nicht so sehr einsehbaren Gartenecke, z. B. am Kompostplatz oder unter dem Vordach eines Schuppens können die

Zwiebeln ungestört ausreifen. Anschließend werden die Schalen trocken gelagert, bis man sie im nächsten Herbst an beliebiger Stelle wieder in den Boden bringt. Sobald die Schalen aus dem Boden sind, können wir die entstandenen Lücken neu bepflanzen, z. B. mit Sommerblumen.
Bewährt haben sich solche mobilen Pflanzungen vor allem in kleinen Gärten, in denen das einziehende Blumenzwiebellaub besonders in Terrassennähe stört. Doch auch in einem großen Garten eignen sie sich für nette kleine Gags: Wir können die Schale an sonniger Stelle zum Blühen bringen und dann an den schattigen Hauseingang der Nord- oder Ostseite stellen, am besten in einen genügend großen, runden Weidenkorb oder eine hübsche Tonschale. Dort blühen dann die Tulpen, weil im kühlen Schatten, erstaunlich lange. Bepflanzen wir mehrere Schalen mit früh-, mittel- und spätblühenden Tulpen und wechseln diese jeweils nach der Blüte aus, so werden wir und unsere Gäste beinahe den ganzen April und Mai über mit fröhlichen Farbtupfern empfangen.

1 Tulpen kann man auch in transportable Gitter-Container legen ...

2 ... und diese an gewünschter Stelle in den Boden einsenken.

3 Der perforierte Boden ermöglicht ein Durchwachsen der Wurzeln und eine ganz normale Blüte.

Schön, daß es dich gibt! Sag's mit einem blühenden Krokusherz.

Schneeglöckchen, Winterlinge und Wildkrokusse trotzen selbst Eis und Schnee.

Auch für die Grabbepflanzung sind solche mit Tulpen oder Hyazinthen gefüllte Schalen wertvoll, weil sie nach dem Abblühen rasch entfernt bzw. gegen eine neue in Blüte befindliche Schale ausgewechselt werden können.
Wichtig ist nur, daß ein Abstellplatz vorhanden ist, wo das Laub der verblühten Pflanzen einziehen kann. Anschließend bringt man die Schalen in die Gerätehütte, wo sie aufeinandergestapelt bis zum nächsten Herbst bleiben. Sie benötigen nur wenig Platz.

Zwiebelblumen verwildern lassen
Schließlich können Tulpen und Narzissenzwiebeln auch in den Rasen bzw. in eine Wiese gelegt werden, am besten etwas von der Terrasse entfernt vor der Kulisse einer Strauchgruppe oder einer Hecke. Wir verwenden dazu einfachblühende Arten und Sorten. Damit die Arbeit rasch vorangeht, benützt man einen Blumenzwiebelpflanzer bzw. den Pickel. Einmal gepflanzt, bleiben die Zwiebeln an Ort und Stelle. Wichtig: An diesen Stellen solange nicht mähen, bis das Laub abgestorben ist! Deshalb die Zwiebeln nicht über die gesamte Rasenfläche verstreuen, sondern gruppenweise bzw. in einem unregelmäßig zusammenhängenden Band vor die Strächerkulisse pflanzen.
Neben all den prächtigen Tulpen, Narzissen und Hyazinthen dürfen wir im Herbst die vielen Kleinblumenzwiebeln nicht vergessen, ganz gleich ob Schneeglöckchen, Winterlinge, Wildkrokusse, Blausternchen, Schneestolz, Schachbrettblume u. a. Vor allem in einem naturnah gestalteten Garten sind sie unentbehrlich. Wir haben viel Freude mit ihnen, weil sie im Laufe der Jahre verwildern, d. h. sich durch Aussamen ausbreiten. Das Blühen wird von

Jahr zu Jahr reicher. Wir können je nach Aufblühen der einzelnen Arten das Fortschreiten des Frühlings verfolgen. Ein Erlebnis auch für Kinder, denen das jährlich zuverlässig wiederkehrende Blühen ein Stück Heimat vermittelt.
Wir kaufen von jeder gewünschten Art am besten gleich ein paar hundert Zwiebelchen oder Knollen und streuen sie unregelmäßig vor und unter Sträuchern und Gehölzen aus; dort sind sie ungestört. Ehe das Laub der Gehölze austreibt, ist die Blüte vorbei. Der Boden wird trocken, ideal für die Ruhezeit all dieser Zwiebelgewächse. Soweit diese Frühlingsblüher im Gras stehen, sparen wir die Flächen beim Mähen im Mai aus. Sobald sie dann ausgesamt haben und das Laub abgestorben ist, können auch diese Stellen mitgemäht werden.

Balkonpflanzen im Winterlager

Mehrjährige Balkonpflanzen wie Geranien (die man korrekterweise Pelargonien nennt) und Fuchsien räumen wir vor den ersten stärkeren Frösten in einen hellen, kühlen, aber frostfreien Raum ein. In den meisten Fällen wird man sie im Keller, Flur, Treppenaufgang oder in der Garage überwintern, sofern sich diese Räume von den Lichtverhältnissen und der Temperatur her eignen.

Pelargonien

Will man die Pelargonien im Balkonkasten durch den Winter bringen, so kann man sie auf etwa 20 cm Höhe zurückschneiden. Andernfalls

Überwinterung von Geranien und Strauchmargeriten in einem hellen kühlen Raum.

1

1 Eine platzsparende Methode: Geranien im Herbst in Zeitungspapier einwickeln, ...

2 ... die Rollen in eine Kiste geben und in einen frostfreien Raum bringen, ...

3 ... in der ersten Februarhälfte Wurzeln und Triebe bis auf kurze Stummel zurückschneiden ...

4 ... und in eine mit Torfkultursubstrat gefüllte Obststeige pflanzen ...

5 ... Ergebnis: Kräftige Pflanzen im März/April.

2

5

3

4

erfolgt dieser Rückschnitt im Februar vor Beginn des Austriebs. Zu beachten ist, daß Pelargonien den Winter über mehr Wärme wollen als Fuchsien, am besten Räume mit 10–15 °C. Unter 10 °C sollte die Temperatur möglichst nicht absinken.

Muß Platz gespart werden, so können wir die Pflanzen im Oktober aus den Kästen nehmen und sie nach einem Rückschnitt in 12er-Töpfe eintopfen. Vorher wird der Ballen verkleinert. Hängepelargonien dürfen jedoch beim Einwintern oder im Frühjahr nicht eingekürzt werden, denn bei diesen kommt es darauf an, daß die Triebe im Laufe der Jahre immer länger werden.

Besonders platzsparend ist folgende Methode: Man nimmt die Pflanzen kurz vor dem ersten Frost aus den Kisten, Pflanzschalen oder Töpfen, nachdem sie vorher nochmals mäßig gegossen wurden. Nachdem die anhängende Erde leicht abgeschüttelt und abgestorbene Blüten und Blätter entfernt sind, wickelt man jede Pflanze samt Wurzeln, Blättern und Blüten in Zeitungspapier und schichtet die Rollen in einer Obstkiste aufeinander. Gesunde Blüten und Blätter dürfen beim Einlagern nicht abgeschnitten werden, da offene Wunden entstehen würden. Dann bringt man die gepackte Kiste zur Winterruhe in den Keller oder einen anderen frostfreien Raum, der dunkel sein darf, da die Pflanzen ohnehin in Zeitungspapier eingepackt sind.
Anfang Februar werden die Pflanzen aus dem Winterlager geholt und sowohl die Wurzeln als auch die Stengel ganz radikal bis auf Daumenstärke zurückgeschnitten. Dann setzt man die stark zurechtgestutzten Pflanzen dicht an dicht in eine Obststeige oder Styroporkiste, die mit Torfkultursubstrat (TKS 1, Plantahum) gefüllt ist. In einer Obststeige haben etwa 30–40 Pflanzen Platz. Nach dem Angießen wird die Kiste in einen warmen Raum gestellt, der in den ersten drei Wochen durchaus dunkel (Heizungskeller) sein darf. Sobald sich gegen Anfang März die ersten Triebe zeigen, wird die Obststeige nahe an ein Fenster gestellt, damit sich gedrungene Pflanzen entwickeln können. Bei günstiger Witterung bringt man die Obststeige möglichst ins Freie und stellt sie nur bei Nachtfrostgefahr in den Raum zurück.
Sobald sich die Pflanzen beengen, wird mit etwa doppelt so großem Abstand umgepflanzt, man braucht also noch eine zweite Kiste. Bis zu den Eisheiligen, also Mitte Mai, entwickeln sich kräftige Pflanzen. Sie werden in die Blumenkästen gesetzt und beginnen bald zu blühen. Die Ausfälle vom herbstlichen Einwickeln in Zeitungspapier bis zum Auspflanzen im Mai liegen bei etwa 25%. Verluste gibt es aber auch beim üblichen Überwintern von Pelargonien, wozu wesentlich mehr Platz benötigt wird.

Ebenfalls platzsparend ist es, wenn man bewurzelte Stecklinge überwintert, die im August von blühenden Pflanzen geschnitten wurden. Der Anwachserfolg ist zu diesem Zeitpunkt ausgezeichnet. Später sollte man sie in 8er-Töpfe setzen, wobei sich als Erde im Handel erhältliche Fertigsubstrate wie Plantahum, TKS 1 oder Einheitserde bewährt haben.
Im Herbst bringen wir die Pflanzen in einen hellen Raum mit möglichst 12–15 °C. Nachdem sie in den kleinen Töpfen nicht viel Platz benötigen, kann man sie z. B. dicht an ein Fenster im Schlafzimmer oder einem anderen nicht geheizten

Eine andere platzsparende Möglichkeit: Im August Geranienstecklinge schneiden, in 8er-Töpfe pflanzen und den Winter über dicht an ein Fenster in einem kühlen Raum stellen, am besten in eine genügend große flache Schale, weil dies das Gießen wesentlich erleichtert. Im März/April in größere Töpfe oder gleich in die Blumenkästen pflanzen.

Raum stellen. Wer ein wenig geschickt ist, kann eine einfache Holzstellage basteln, die genau in die Fensteröffnung paßt, so daß mehrere Reihen von Geranien-Jungpflanzen übereinander untergebracht werden können.
Auch ein frostfreier Speicherraum ist geeignet. Hier stellt man die Jungpflanzen möglichst dicht unter ein Fenster, damit sie gesund und kompakt heranwachsen.
Wichtig ist, daß die Pflanzen eher zu trocken als zu naß gehalten werden. Dies gilt auch für große Geranienpflanzen, die in Kistchen oder Töpfen überwintert werden. Man sollte aber immer einmal wieder nachsehen und bei Bedarf gießen, denn vertrocknen dürfen die Pflanzen nicht.
Gegen Ende Januar sollen die Geranienjungpflanzen in 12er-Töpfe umgepflanzt werden. Darin bleiben sie bis zum Auspflanzen nach den Eisheiligen. Als Erdsubstrat können wir eines der bereits genannten verwenden. Von jetzt an sollte man mehr gießen, denn die Tage werden länger. Vor dem Umtopfen werden die Pflanzen erstmals gedüngt. Dazu geben wir 2 g/Liter Wasser von einem der im Handel befindlichen leicht wasserlöslichen Blumendünger.

Fuchsien sind robuster

Fuchsien sind leichter zu überwintern als Geranien, denn sie sollen erst ab März wieder antreiben. Beim Einwintern im Oktober schneiden wir sie auf 30–40 cm zurück. Sobald der Tag wächst, also ab Januar, macht die Fuchsie dünne Triebe, weil es im Überwinterungsraum meist zu dunkel ist. Der endgültige Rückschnitt sollte deshalb erst gegen Ende Februar bis Mitte März erfolgen, und zwar sehr stark; es entstehen dann kurze, kräftige Triebe. Fuchsien überwintert man am besten bei + 5 °C, also wesentlich kühler als Geranien. Der Keller oder ein anderer Überwinterungsraum braucht außerdem nicht so hell sein.

Wer von den eingewinterten Fuchsien Stecklinge schneiden möchte, um Jungpflanzen zu ziehen, sollte die Mutterpflanzen bereits ab Anfang Dezember wärmer und möglichst hell stellen, also ans Fensterbrett im Wohnzimmer, in der Küche oder in einem geheizten Flur. Die Stecklinge werden im Januar geschnitten, und zwar so, daß unter dem untersten Blattpaar noch ein kleines Stielstück stehen bleibt. Wir stecken sie je nach Menge in einen Blumentopf oder in ein kleines Kistchen im Abstand von etwa 5 cm. Erdsubstrat wie bereits erwähnt. Bester Platz: Fensterbrett eines warmen Raumes. Die Fuchsienstecklinge sollte man bis zur Bewurzelung gelegentlich überbrausen, während man bei Geranienstecklingen lediglich den Torf feucht hält. Nach der Bewurzelung topft man die Fuchsienstecklinge in 8er-Töpfe ein, später in 12er. Fuchsienstecklinge, die im Januar geschnitten wurden, blühen bereits im Mai.

Kübelpflanzen einwintern

So attraktiv Kübelpflanzen den Sommer über auch sind, im Herbst gibt es vielfach Probleme beim Einräumen ins Winterlager. Ausgewachsene Pflanzen brauchen viel

Ein flaches Wägelchen (Holzpalette mit angeschraubten Rollen), auf dem Kübelpflanzen an die frische Luft gebracht werden können.

Platz und sind wegen ihres Gewichts schlecht zu transportieren. Am einfachsten geht dies noch, wenn die Pflanzen in Eichenholzkübeln mit Handgriffen stehen bzw. in Holzkübeln, die im Bereich des oberen Reifens 2 gegenüberliegende Vertiefungen haben, in die sich kräftige Eisenhaken einsetzen lassen; sie werden meist zusammen mit den Kübeln angeboten. Auf diese Weise kann die Kübelpflanze von zwei Personen getragen werden. Alle Kübelpflanzen sind mehr oder weniger frostempfindlich. Trotzdem wollen wir sie so lange wie nur irgendwie möglich im Freien belassen, denn die frische Luft bekommt ihnen wesentlich besser als jeder Überwinterungsraum. Bei Frostgefahr rücken wir die Pflanzen nahe ans Haus heran. Erst wenn es dann im Oktober/November kälter wird, genügt ein geschützter Platz auf der überdachten Terrasse nicht mehr. Jetzt bringen wir sie in einen Raum, der möglichst hell, kühl und luftig, aber frostfrei sein muß. Die Temperatur sollte möglichst nicht über + 8 °C liegen, besser sind Temperaturen um + 5 °C. Auf keinen Fall darf es aber im Winterquartier kälter als 0 °C werden. In einem Keller mit der genannten Idealtemperatur liegt die Luftfeuchtigkeit verhältnismäßig hoch, so daß man die Pflanzen nur gelegentlich etwas gießen muß.

Besitzen wir keinen annähernd so kühlen Raum, sollte möglichst viel gelüftet werden, d. h., wenn es draußen nicht gerade extrem kalt ist, halten wir die Fenster geöffnet. Auch sollte dann des öfteren gegossen werden, etwa alle 14 Tage. Also immer wieder einmal nachsehen und prüfen, ob die Erde noch genügend feucht ist. Es kommt nämlich gar nicht selten vor, daß die Kübelpflanzen bis zum Frühjahr vertrocknet sind. Um die Luftfeuchtigkeit in einem trockenen Raum zu erhöhen, wird der Boden gelegentlich überbraust.

In manchen Wohnungen eignet sich der kühle, helle Flur oder Treppenaufgang für die Überwinterung besser als ein Kellerraum. Wir stellen auch hier die Pflanzen dicht ans Fenster. Ist der Raum kühl, gießen wir nur selten und wenig, an einem warmen Platz bekommen sie häufiger und mehr Wasser.

Heikel beim Überwintern sind vor allem Margeritenstämmchen und -büsche. Wenn Platz vorhanden ist, stellen wir sie in ein nicht beheiztes Schlafzimmer. Wenn beim Einräumen die Triebe nicht zurückgeschnitten wurden und wir das Verblühte ständig entfernen, blühen die Margeriten den ganzen Winter über. Doch sogar im warmen Wohnzimmer wachsen und blühen sie weiter, wenn sie möglichst weit vom Heizkörper entfernt aufgestellt werden.

Engelstrompeten *(Datura)* brauchen dagegen eine völlige Ruhezeit. Sie können in einem dunklen Raum überwintern und sollten erst ab nächsten Frühsommer wieder blühen. Sind die Pflanzen beim Einräumen zu hoch geworden, schadet es nicht, wenn man die kräftigen Triebe bis etwa auf 1 m über dem Kübel zurückschneidet. Im kommenden Frühjahr treiben sie rasch durch und entwickeln sich bald wieder zu prächtigen Exemplaren.

Auch andere Kübelpflanzen, wie Fuchsien- oder Geranienstämmchen, Bleiwurz *(Plumbago)*, Wandelröschen- *(Lantana)* und Margeritenbäumchen – soweit wir sie nicht in einem Wohnraum blühend halten wollen, werden am besten gleich beim Einräumen ins Winterquartier zurückgeschnitten, natürlich nur die Kronen. Dadurch sparen wir Platz und verhindern, daß sie während des Winters weiterwachsen.

Für den beliebten Oleander eignet sich am besten ein heller Überwinterungsraum mit ständiger Frischluftzufuhr. Ideale Temperatur: 4–6 °C. Notfalls stellen wir ihn in einen nicht zu dunklen Kellerraum oder eine Garage, möglichst aber nicht in einen Wohnraum, auch wenn dieser nur mäßig beheizt ist. Auch eine temperierte Diele, ein Flur oder zugiges Treppenhaus, sollten gemieden werden, es sei denn, es handelt sich um besonders große Exemplare.
Solche kann man aber bereits beim Einräumen oder Ende Februar bis weit ins alte Holz hinein zurückschneiden, also verjüngen. Dadurch gehen allerdings die bereits angesetzten Blüten verloren, und die Oleanderblüte beginnt erst später. Ins Winterquartier eingeräumt wird so spät wie möglich, denn Oleander kann kurzfristig bis etwa −5 °C vertragen, ohne daß Schäden auftreten. Aus diesem Grunde kann er in klimatisch begünstigten Lagen bereits ab Anfang April ins Freie gebracht werden, vor allem wenn die Möglichkeit besteht, die Kübel bei Frost z. B. auf einer mit Glas überdachten Terrasse nahe an die Hauswand heranzurücken.
Gut eignet sich für die Überwinterung von Oleander eine nicht zu dunkle Garage, vor allem wenn bei nicht zu kalter Witterung die Türe untertags geöffnet wird; dadurch bekommt er zusätzlich Luft. Bastler können außerdem ein flaches Wägelchen bauen, auf dem auch ein großer Oleander Platz hat und an milden Frühlingstagen ohne großen Kraftaufwand ins Freie gebracht werden kann. Wichtig für eine einwandfreie Überwinterung ist jedenfalls ein nicht zu dunkler, vor allem aber sehr kühler Raum. Bei zuviel Wärme entwickelt der Oleander geile Triebe und leidet unter Schildläusen und anderen Schädlingen.

Ideal ist ein Gewächshaus
Zum Schluß noch eine Überwinterungsmöglichkeit, die wohl allen gebräuchlichen Kübelpflanzen gut bekommt, also Oleander, Wandelröschen- und Margeritenbäumchen, Bleiwurz, Hochstämmchen von Fuchsien und Geranien, Cassie *(Cassia),* Feigen und Palmen: Das zuverlässig lüftbare Kleingewächshaus mit thermostatgesteuerter Heizung. Es genügt, wenn in kalten Nächten eine Temperatur von +5 °C gehalten werden kann. Um Energie zu sparen, spannen wir auf oder unter die Glasfläche Isolierfolie (Noppenfolie) und bringen auf allen nicht verglasten Flächen wärmedämmende Styroporplatten an.

Ideal für Kübel- und Balkonpflanzen: Kleingewächshaus im zeitigen Frühjahr dicht am Haus über einem Kellerschacht (Heizraum).

Wer handwerklich geschickt ist, kann sich eine einfache zerlegbare Konstruktion aus Dachlatten basteln, diese mit Isolierfolie (Noppenfolie) überspannen und auf der Terrasse oder auf dem Balkon unmittelbar ans Haus oder an die Wohnung anfügen. Hier können Balkon- und Kübelpflanzen unter günstigen Bedingungen überwintert werden, denn eine zusätzliche Heizung ist nur nötig, wenn die Temperaturen länger unter + 5 °C absinken. Dies läßt sich wie im Kleingewächshaus mit einem thermostatgesteuerten Heizlüfter erreichen, der sich selbsttätig einschaltet, wenn die Mindesttemperatur unterschritten wird. Im Frühjahr läßt sich ein solches Provisorium rasch zerlegen und bis zum nächsten Herbst aufbewahren.

Dahlien, Gladiolen und andere Knollenpflanzen überwintern

Dahlien, Knollenbegonien, Freesien, Indisches Blumenrohr *(Canna)* und andere nicht winterharte Zwiebel- und Knollenpflanzen werden nach den ersten Frösten, also meist gegen Ende Oktober/Anfang November aus dem Boden genommen. Bei Montbretien können wir uns das Einwintern sparen, wenn eine kräftige Laubdecke aufgebracht wird.

Nachdem wir die Dahlien vorher etikettiert, also Höhe und Farbe angegeben haben, werden sie etwa 10–15 cm oberhalb der Knolle abgeschnitten und mit der Grabgabel aus dem Boden genommen. Der Spaten eignet sich hierfür nicht, da die Knollen leicht verletzt werden können. Dann wird die Erde abgeschüttelt, aber so, daß noch etwas davon an den Knollen haften bleibt. Wenn eine günstige Überwinterungstemperatur von etwa + 5 °C in einem zu warmen und trockenen Keller nicht möglich ist, geben wir die Knollen in Plastiksäcke, die zugeschnürt werden. Dadurch wird die Luftfeuchtigkeit erhöht.

Dahlien leuchten im Spätherbst.

Nachdem die Pflanzen etikettiert sind, nimmt man sie aus dem Boden.

Das Indische Blumenrohr *(Canna)* graben wir ebenfalls vorsichtig aus. Nach dem Abschütteln der Erde und leichtem Abtrocknen werden die Blätter etwa handhoch über dem Wurzelstock abgeschnitten. Für die Lagerung den Winter über sind etwa 10 °C günstig, also eine Temperatur wie bei Gladiolen.

Knollenbegonien, Montbretien (sofern wir sie aus dem Boden nehmen) sowie Freesien, Pfauenlilien *(Tigridia)* und Sterngladiolen *(Acidanthera)* werden wie Gladiolen überwintert, die wir ebenfalls nach den ersten Frösten bzw. nach dem Vergilben der Blätter aus dem Boden nehmen. Anschließend

Erde größtenteils abschütteln und die Knollen in einen kühlen Überwinterungsraum bringen. Ist der Raum zu warm und zu trocken, lagert man die Knollen nicht offen in einer Kiste – so wie auf dem Bild –, sondern gibt sie besser in Plastiksäcke, die zugebunden werden.

schneidet man die Blätter etwa 15 cm über den Knollen ab, die möglichst flach ausgebreitet und rasch, z. B. im Heizungskeller getrocknet werden. Dadurch wird die Abwanderung von Gladiolenblasenfuß (Thrips) vom Stengel in die Knolle verhindert. Dieser Schädling, der bei Gladiolen häufig auftritt, hat verkrüppelte Blüten zur Folge.
Scheint die Sonne und ist es warm, so können die Knollen auch im Freien zum Trocknen ausgelegt werden. Wenige Tage später geht es ans Putzen der Knollen. Dabei wird der Stengelrest und die alte verbrauchte Mutterknolle abgedreht. Kranke Knollen werden aussortiert und in die Mülltonne gegeben. Ebenso entfernt man die Brutzwiebeln. Wer allerdings Spaß daran hat, kann sie im nächsten Jahr weiterkultivieren. Wenn sie nicht gar zu klein sind, blühen sie oft im übernächsten Jahr.
Dann kommen die Knollen ins Winterlager, am besten in ein Kistchen mit trockenem Torf in einem trockenen Raum mit etwa 10 °C.

Herbstpflanzung von Ziergehölzen, Rosen und Hecken

Ebenso wie für Obstbäume ist auch für Ziergehölze der Spätherbst die beste Pflanzzeit. Nur Nadelgehölze pflanzt man besser schon ab Ende August und im September, alle übrigen aber erst nach dem Laubfall, also ab Ende Oktober. Wer will, kann den ganzen Winter über pflanzen, vorausgesetzt der Boden ist nicht gefroren. Das Pflanzen erfolgt ähnlich wie bei Obstbäumen, doch wird bei Sträuchern und kleineren Gehölzen kein Pfahl benötigt.

Wer ausgefallene Rosensorten wünscht, sollte bereits im August bestellen. Dies gilt vor allem für alte Rosen, die zum Teil nur in geringen Stückzahlen vermehrt werden und bald vergriffen sind. Die Sendung kommt meist im November an, wird ausgepackt, für einen Tag in Wasser gestellt und schon kann gepflanzt werden, vorausgesetzt, der Boden ist vorbereitet.

Ebenso wie bei Stauden – die hier nicht behandelt werden, weil man sie besser schon im frühen Herbst bzw. ab Frühjahr pflanzt – müssen vorher alle Dauerunkräuter wie Quecke, Giersch, Ackerwinde u. a. vollständig aus dem Boden entfernt sein. Andernfalls würden sie bald in die Wurzelstöcke der Rosen hineinwachsen, d. h. man kann sie dann kaum mehr restlos beseitigen. Wichtig ist bei Rosen außerdem, daß die Veredlungsstelle (Verdikkung am Wurzelhals) beim Pflanzen 2–3 Fingerbreit unter die Erdoberfläche kommt. Dies ist der beste Frostschutz, auch für später. Vor dem Pflanzen werden Triebe und Wurzeln eingekürzt, danach wird kräftig angegossen und die Erde angehäufelt. Erst im Frühjahr, Ende März/ Anfang April häufeln wir ab und kürzen die Triebe endgültig auf etwa 15 cm ein.

Auch Hecken werden ab Ende Oktober bis zum Gefrieren des Bodens gepflanzt. Wir heben einen Graben aus, lockern den Untergrund und pflanzen entlang einer Schnur unter Zugabe von verrottetem Kompost. Sind die Pflanzen etwa 1 m hoch genügt ein 30–50 cm breiter Graben, bei einer Höhe von mehr als 2 m sollte er etwa 60 bis 80 cm breit sein. Tiefe: 30–50 cm, je nach Boden, Gehölzart und Größe. Heckenpflanzen mit Ballen verteilt man erst gleichmäßig im Pflanzgraben und schaufelt dann die ausgehobene Erde ein. Solche Hecken werden gleich nach dem Pflanzen und kräftigem Angießen in der Höhe nach einer straff gespannten Schnur etwas eingekürzt, aber nur bis zur Höhe der schwächsten Pflanze. Schwächere Pflanzware ohne Ballen schneiden wir dagegen kräftig, etwa um ein Drittel bis zur Hälfte zurück. Nur dann wird sie von unten her gleichmäßig dicht.
Streng gezogene Hecken sollten jährlich zweimal geschnitten werden, gegen Ende Juni und nochmals im August bzw. während des Winters. Wem dies zuviel Arbeit ist, sollte sich für eine freiwachsende Hecke entscheiden, die allerdings erheblich mehr Platz benötigt. Vor allem Wildhecken mit Hainbuche, Hasel, Hartriegel, Wildrose, Pfaffenhütchen, Gemeinem Liguster, Wolligem Schneeball u. a. haben ihren Reiz und bieten verschiedenen Vögeln willkommene Nistgelegenheit. Der Garten wird durch solche Gehölze, wie sie in der freien Landschaft vorkommen, pflegeleicht und bekommt ein natürliches, gemütliches Aussehen.

Herbstarbeiten und Winterschutz bei Stauden

Im Oktober/November werden sämtliche Prachtstauden bis dicht über dem Boden zurückgeschnitten. Kräftige Stengel, z. B. von Sonnenauge *(Heliopsis)*, Sonnenblume

(Helianthus), Herbstastern, Phlox u. a. zerschnipseln wir mit der Schere in kleinere Stücke oder geben sie in den Häcksler, bevor alles Material kompostiert wird.

Nur mit den Gartenchrysanthemen warten wir damit noch etwas, stehen sie doch erst in dieser Jahreszeit in voller Blüte. Wer Jungpflanzen durch Stecklinge im Mai vermehrt hat – dies gelingt sehr leicht – und sie nach der Bewurzelung auf ein Beet im Gemüsegarten gepflanzt hat, kann im Oktober die knospigen oder bereits voll erblühten Pflanzen aus dem Boden nehmen und sie zwischen andere Stauden, vielleicht in die Nähe des Hauseinganges oder im Terrassenbereich, pflanzen. Dort stehen sie gegen Nachtfröste etwas geschützt und blühen oft noch bis Mitte November in fröhlichen Farben. Ein solches Verpflanzen ist bei dieser Staude ohne Störung möglich, da der Wurzelballen beim Herausnehmen mit der Grabgabel gut zusammenhält.
Nach dem Abblühen werden die Chrysanthemen in gleicher Weise wie die übrigen Stauden zurückgeschnitten. Sofern sie nicht etwas regengeschützt unter einem Vordach stehen, sollte man sie herausnehmen und dicht an der Hauswand

Gartenchrysanthemen blühen oft bis Mitte November, wenn sie geschützt in Hausnähe stehen.

einschlagen, also vorübergehend einpflanzen. Gartenchrysanthemen überstehen zwar die winterliche Kälte recht gut, sind aber gegen Nässe während der kalten Jahreszeit empfindlich und wintern allzuleicht aus. Im Frühjahr bringen wir sie dann wieder an den gewünschten Platz.

Nach erfolgtem Rückschnitt wird der Boden zwischen den Beetstauden mit der Grabgabel leicht gelokkert, auf keinen Fall aber mit dem Spaten, da sonst zu viele flachstreichende Wurzeln abgestochen würden. Bei dieser Arbeit nehmen wir auch alles Unkraut aus dem Boden. Sollten sich während des Jahres Dauerunkräuter wie Quecke, Giersch oder gar Ackerwinde eingenistet haben, so versuchen wir, diese mitsamt allen Wurzeln herauszustechen. Andernfalls dringen sie im nächsten Jahr in die Wurzelstöcke der Stauden ein.

Wildstaudenpflanzungen im leichten Schatten lassen wir im Herbst unberührt. Hier bleiben auch die Fruchtstände stehen als natürliches Winterfutter für die Vögel. Außerdem sind sie eine Zierde im winterlichen Garten. Auch Unkräuter brauchen hier kaum entfernt zu werden, denn die für halbschattige Stellen geeigneten Bodendecker entwickeln sich nach kurzer Anlaufzeit so kräftig, daß sie den Boden völlig bedecken. Laub, das von den Bäumen fällt, bleibt unberührt liegen, denn die verschiedenen Bodendecker bewähren sich gleichzeitig als vorzügliche Laubschlucker. Das Laub verrottet und wird zu Humus. Wildstaudenpflanzungen in voller Sonne mit gänzlich anderer Artenzusammensetzung bedecken den Boden dagegen meist nur spärlich. Hier kommt Unkraut durch, das nicht nur im Spätherbst, sondern bereits mehrmals während des Jahres entfernt werden sollte. Andernfalls nimmt es überhand.

Ein Winterschutz wie bei Rosen ist bei Stauden nicht nötig. Einen »normalen« Winter mit Schnee überstehen fast alle Stauden sehr gut. Kältegrade, wie sie bei uns üblich sind, richten keinen Schaden an. Gefährlich wird es für manche Arten nur, wenn Barfröste auftreten, also Kälte ohne Schnee. Besonders nachteilig wirkt es sich aus, wenn der Dezember naß und mild ist und anschließend der Boden gefriert, ohne vorherigen Schneefall. Auch scharfer Ostwind und der Gegensatz von frostklirrenden Nächten und sonnigen Mittagsstunden bekommt manchen Stauden schlecht, besonders den wintergrünen.
Da wir keine Wetterpropheten sind, tun wir gut daran, die empfindlicheren Arten zu schützen. Dazu zählen Pampasgras, Fackellilie, Palmlilie und Japanische Anemonen. Während man hohe Gräser beläßt, wie sie sind oder höchstens schopfartig

Wie Gnome sehen die zusammengebundenen Gräser im Rauhreif aus und bieten auch den Winter über einen hübschen Anblick. Das empfindliche Pampasgras umschüttet man zusätzlich mit Laub und deckt ein paar Fichtenzweige darüber. Noch besser: Mit trockenem Laub umschütten und eine Kiste darüberstülpen.

zusammenbindet, umschütten wir Pampasgras und Fackellilie zusätzlich mit reichlich Laub und decken mit ein paar Fichtenzweigen ab, damit der Wind die Blätter nicht fortträgt. Besonders gut überwintert das Pampasgras, wenn es zusammengebunden mit Laub umschüttet und zusätzlich eine Kiste oder ähnliches darübergestülpt wird. Es kommt bei diesem Ziergras im Winter vor allem auf Schutz gegen Nässe an, während es den Sommer über kräftig gegossen werden soll. Winterharte Arten der Palmlilie *(Yucca)* bekommen ebenfalls etwas Schutz gegen Winternässe und werden in rauhen Lagen mit Fichtenzweigen abgedeckt. Bei empfindlichen Herbstanemonen schütten wir lediglich Laub auf.

Wichtig ist ein Schutz bei immergrünen Stauden, wenn sie sich an der Südseite einer Trockenmauer oder eines Steingartens (Alpinum) befinden. Der beste Schutz für sie ist eine dicke Schneedecke, so wie sie dies an ihrem natürlichen Standort, im Gebirge gewohnt sind. Da eine Schneedecke des öfteren fehlt, deckt man solche Pflanzungen lokker mit Fichtenzweigen ab. Es kommt also nicht auf einen Schutz gegen Kälte, sondern gegen den Wechsel von sonnigen Tagen und kalten Nächten sowie vor austrocknenden Winden an.

Auch Neupflanzungen von Stauden, vor allem, wenn sie erst spät im Herbst angelegt wurden, werden abgedeckt. Im zeitigen Frühjahr sollte außerdem nachgesehen werden, ob der Frost nicht so manche der neugesetzten Stauden hochgehoben hat. Wir drücken sie dann kräftig an und gießen bei trockenem Boden. Nach der Schneeschmelze wird bei allen Beetstauden Kompost aufgebracht und leicht gedüngt. Wir können den Boden auch mit etwas Rindenhumus abdecken, die Pflanzungen wirken dann besser.

Winterschutz bei Rosen

Beetrosen, Edelrosen, Zwergrosen pflanzen wir so, daß sich die Veredlungsstelle danach etwa 3–5 cm tief im Boden befindet. Dies ist der beste vorbeugende Winterschutz.
Zu Winterbeginn werden darüber hinaus alle die oben genannten Rosen angehäufelt. Vielfach ist dies in dichten Pflanzungen nicht möglich, weil dabei die Wurzeln freigelegt würden. Auch Rosen inmitten von Bodendeckern lassen sich nicht anhäufeln. In diesen Fällen geben wir Komposterde auf die Pflanzen; ein Eimer genügt für etwa 2–3 Rosen. Dies ist der beste Schutz gegen völligen Ausfall. Selbst wenn die Triebe bis zur angehäufelten oder aufgeschütteten Erde herunterfrieren sind noch genügend Knospen für den neuen Austrieb vorhanden.
Das Abdecken der Rosen mit Fichtenzweigen beruhigt dagegen mehr das Gewissen, etwas Gutes getan zu haben, bringt jedoch nicht viel. Nachdem aber eine solche Pflanzung den Winter über hübsch aussieht, wollen wir diesen Brauch beibehalten, sofern Fichtenzweige günstig zu bekommen sind.
Ein Rückschnitt wäre zu Winterbeginn verfrüht, er sollte erst im Frühjahr vor dem Austrieb erfolgen. Allerdings zeigen manche Beetrosen und Edelrosen recht unterschiedlich lange Triebe, die im winterlichen Garten störend wirken. Diese können durchaus bis auf Kniehöhe heruntergeschnitten werden. Schließlich soll auch der winterliche Garten für das Auge gefällig aussehen.

Die Kronen von Hochstämmen und Trauerrosen werden vor Winterbeginn heruntergebogen, mit Haken, Astgabeln und ähnlichem am Boden befestigt und mit Erde bedeckt. Vorher Triebe entblättern!
Sollte ein Herunterbiegen bei starken Stämmen nicht mehr möglich sein, füllen wir die Kronen mit lockerem Material wie kurzgeschnittene

Spätestens bei Winterbeginn werden die Beetrosen angehäufelt oder Erde aufgeschüttet.

Ein Abdecken mit Fichtenzweigen ist nicht nötig, sieht aber hübsch aus.

Kletterrosen deckt man locker mit Fichtenzweigen ab; dies ist ein bewährter Schutz.

Fichtenzweige, Holzwolle, Styroporwolle oder kurzes Stroh und packen sie außen mit Fichtenzweigen zu. Dabei werden die Zweige von unten beginnend dachziegelartig übereinandergelegt, so daß Regen oder schmelzender Schnee ablaufen kann und das Innere trocken bleibt. Auch das Einpacken der Kronen in genügend große Styroporschachteln bietet guten Schutz, doch sieht dieses grellweiße Material im winterlichen Garten denkbar unschön aus. Auf keinen Fall aber sollten die Kronen in Folie verpackt oder Kunststoffbeutel darübergestülpt werden. Dies würde zu einem Glashauseffekt führen: Erwärmung an sonnigen Tagen mit beginnendem Austrieb, Schockwirkung und Schäden in darauffolgenden Frostnächten.

Kletterrosen frieren in manchen Wintern bis auf den Boden zurück. Dies kann man sogar bei verhältnismäßig robusten Sorten in klimatisch ungünstigen Gegenden beobachten, vor allem bei kaltem Ostwind und häufigem Wechsel von Erwärmung untertags und nächtlich starkem Frost. Ein guter Schutz wird erreicht, wenn wir wie bei Beetrosen darauf achten, daß die Veredlungsstelle eine knappe Handbreite tief in den Boden kommt. Zusätzlich wird vor Winterbeginn angehäufelt bzw. Erde aufgeschüttet. Außerdem dekken wir die an Klettergerüsten und Spalieren angebrachten Triebe lokker mit Fichtenzweigen ab. Dies ist zwar kein Schutz gegen Kälte, ein um so besserer Schutz aber gegen den Wechsel von Auftauen und Gefrieren im Januar/Februar sowie vor kaltem, austrocknendem Ostwind.

Öfterblühende Strauchrosen kommen in klimatisch günstigeren Gegenden ohne Winterschutz aus. Ansonsten können wir sie ähnlich wie Kletterrosen einwintern.

Wildrosen und einmalblühende Strauchrosen sind dagegen völlig winterhart und brauchen keinen Schutz, abgesehen vom ersten Winter nach einer Herbstpflanzung.

Winterschutz bei Rhododendron und anderen Immergrünen

Winterschutz bedeutet bei diesen Gehölzen vor allem Windschutz. Die einzelnen Rhododendron-Arten und andere Immergrüne reagieren auf einen windigen Standort zwar unterschiedlich, auf jeden Fall aber brauchen großblättrige Rhododendren im Sommer und besonders im Winter einen fast windstillen Platz, der jedoch nicht eingeschlossen sein sollte. Nur dann können sie ihr Laub zu voller Schönheit entwickeln und wachsen zu prächtigen Exemplaren heran.

Vor allem in Gegenden, die für Rhododendren ohnehin nicht als ideal bezeichnet werden können, wie im mitteldeutschen und süddeutschen Raum, halten Rhododendren an sehr windigen Stellen meist nicht lange aus. Spätestens in einem strengen Winter mit kalten Ostwinden trocknen die Blätter der Pflanzen ein. Ursache: Nicht die Kälte, sondern der Wassermangel, weil aus dem gefrorenen Boden nicht genügend Wasser nachtransportiert werden kann.

Rhododendren, die nicht im natürlichen Schatten von Gehölzen stehen, werden durch Fichtenzweige gegen Sonne geschützt. Andernfalls gibt es leicht Trockenschäden, da die Blätter Wasser verdunsten, aber der Nachschub aus dem gefrorenen Boden stockt.

Ein Überbauen mit zeltartig aufgestellten Pfählen oder Latten schützt gegen Schneedruck.

Vor allem in Neubaugebieten auf freiem offenen Feld, an Hausecken und anderen Stellen, durch die der Wind fegt und im Winter den Schnee von den Pflanzen wegbläst, wird man mit Rhododendren wenig Freude haben. Ebenso wichtig wie saurer Boden ist deshalb ein windgeschützter Platz, etwa an einer Hauswand, Gartenmauer oder im Bereich einer Hecke. In einem kleinen Garten bietet ein platzsparender Windschutzzaun (Garten-Center, Baustoffhandlung) einen vorzüglichen Wind- und damit Winterschutz.

Dies alles genügt meist für die harten Rhododendren und andere Immergrüne. Bei Pflanzen mit geringer Winterhärte ist dagegen zusätzlicher Winterschutz empfehlenswert, für den in extremen Lagen oder Wintern auch die harten Arten dankbar sind. Solch ein Winterschutz soll durchlässig und locker sein.

Bei einzelnen Pflanzen genügt es, wenn man gegen Ende November rundherum einzelne längere Fichtenzweige in die Erde steckt und sie mit kurzen Zweigen oben abdeckt. Dieser einfache Schutz wird erst gegen Ende März von den Pflanzen entfernt, und selbst wenn dann einige kleine Zweige oder Knospen abgebrochen sind, wiegt solch ein Schutz die kleinen Schäden leicht auf. Man zerschneidet dann die Fichtenzweige mit der Gartenschere in handlange Stücke und legt sie zwischen und unter die Pflanzen. Sie verrotten samt Nadeln in wenigen Jahren zu einem luftdurchlässigen, sauren, also idealen Mulch für Rhododendren.

In Gegenden mit viel Schnee ist es besser, die Rhododendren mit einem einfachen Gestell aus Pflökken und Latten zu umgeben, an dem die Fichtenzweige leicht befestigt werden. Dies ist dann gleichzeitig ein Schutz gegen Schneedruck. Ebenso können die Pflanzen mit mehreren Eisenstäben oder schwachen Holzpfählen umstellt bzw. zeltartig überbaut werden. Dieses einfache Gerüst wird mit Schattenleinen (Rupfen, Jute) umspannt, so daß die Rhododendren zusätzli-

chen Schutz gegen Wind und Wintersonne erhalten. Oben und unten sollte dieser Schutz nicht dicht abschließen, damit die Luft zirkulieren kann.
Alle diese Schutzvorrichtungen sind ein Ersatz für den Schirm großer Kiefern oder Hemlockstannen, wie wir ihn in größeren Rhododendrenpflanzungen antreffen können. Dort überwintern die Pflanzen meist ohne Frost- bzw. Trockenschäden, weil ein häufiges Auftauen und Wiedergefrieren sowie übermäßige Wasserverdunstung verhindert wird. Wie bereits eingangs erwähnt, sind Frostschäden bei Rhododendren und anderen Immergrünen meist Trockenschäden. Bei Wintersonne verdunsten die Blätter mehr Wasser als aus den häufig gefrorenen Zweigen und vom Boden her ergänzt werden kann. Die Pflanze schützt sich dann gegen zu starke Verdunstung, indem sich die Blätter zur Mittelrippe hin zigarrenförmig einrollen. Dies hat wohl jeder, der Rhododendren im Garten stehen hat, schon beobachtet.
Um winterliche Trockenschäden zu vermeiden, sollten Rhododendren und alle immergrünen Laubgehölze, aber auch wertvolle Nadelgehölze im Spätherbst noch einmal gründlich gewässert werden, sofern es zu dieser Zeit nicht ohnehin genügend regnet. Die Zellen können sich dann nochmals so richtig vollsaugen und die Pflanzen kommen ohne Trokkenschäden durch den Winter.

Wohin bloß mit dem vielen Laub?

Diese Frage wird jeden Herbst von vielen Gartenfreunden gestellt. Für manchen ist der Laubfall ein Ärgernis, er möchte am liebsten den Garten mit Nadelgehölzen zupflanzen, sieht aber ein, daß dies keine Lösung ist, da der Wind die Blätter auch vom Nachbargrundstück herübertreibt.
Ein noch gespannteres Verhältnis zum Laub hat so manche Gartenbesitzerin, die glaubt, der Garten müßte ebenso »gefegt« wie die Wohnung sein. Solche Putzteufel sind über Wochen hinweg damit beschäftigt, beinahe täglich die Blätter vom Rasen zu rechen und aus den Blumenbeeten zu picken. Am liebsten würden sie mit dem Staubsauger kommen! Schade für die so vertane Zeit, denn es ist kein Problem, mit dem Herbstlaub fertigzuwerden. Es kommt nur darauf an, aus welchem Blickwinkel man das Ganze sieht. Wir können die fallenden Blätter auch als Geschenk ansehen, das sich im Garten vielseitig und nutzbringend verwenden läßt. Was soll daran störend, unschön sein, wenn im Spätherbst die dürren Blätter am Boden liegen? Lassen wir sie doch liegen, warten wir doch ab, bis nach mehreren Frostnächten im November auch das letzte Blatt zu Boden gefallen ist.
Jetzt kann das Großreinemachen beginnen. Wir haben nur einmal die

Links: Erst wenn im November das letzte Blatt vom Baum gefallen ist, wird das Laub auf der Rasenfläche zusammengerecht. Inzwischen sind die Blätter schon etwas angerottet und zersetzen sich rascher.

Rechts: Unter Bäumen und Sträuchern sollte das Laub dagegen liegenbleiben. Es verrottet und wird zu wertvollem Mulch, in dem sich viele schattenliebende Pflanzen, auch Frühlingsblüher, wohlfühlen.

Arbeit und dazu noch einen weiteren Vorteil: Das zum Teil schon seit Wochen am Boden liegende Laub ist inzwischen infolge von Herbstnebel und Regen gründlich durchfeuchtet, was sich für die spätere Verrottung günstig auswirkt. Günstig vor allem dann, wenn das Laub kompostiert werden soll. Mit trokkenem Laub würde am Kompostplatz nämlich dasselbe geschehen wie bei der Trockenkonservierung, also bei der Herstellung von Dörrobst: Das Wasser wird weitgehend entzogen, die Bakterien können die organische Substanz nicht angreifen, d. h. die Ausgangsmaterialien bleiben weitgehend im ursprünglichen Zustand erhalten. Bei der Trockenkonservierung ist dies erwünscht, bei der Kompostierung nicht. Hier wollen wir Verrottung, raschen Abbau zu fruchtbarem Humus.

Es sollte aber nicht alles Laub kompostiert werden. Soweit es unter Bäumen und Sträuchern liegt, lassen wir es liegen, so wie uns dies die Natur in jedem Laub- oder Mischwald vormacht. Dort verrottet das Laub am Boden, es wandelt sich im Laufe der Zeit zu Humus. Genauso sollte es im Garten sein. Vor allem Wildstauden in leicht schattigen Gehölzbereichen sind für einen solchen Laubmulch dankbar. Sie gelten geradezu als Laubschlucker.

Nur auf Rasenflächen wollen wir die Blätter zusammenrechen, denn der Rasen würde Schaden nehmen, wenn er den ganzen Winter über unter einer dichten Laubdecke liegen müßte. Doch auch dieses Laub von der Rasenfläche, von Wegen und Terrasse bringen wir teilweise unter Bäumen und Sträuchern als natürliche Mulchdecke auf; nur das Zuviel kommt auf den Komposthaufen, wo es gemischt mit anderen or-

ganischen Abfällen aus Garten und Küche zu Humus wird.
Eine andere Möglichkeit besteht darin, daß wir das Laub mit dem Rasenmäher zerkleinern. Ist der Mäher mit einem Fangkorb kombiniert, wird es im selben Arbeitsgang aufgesammelt. Während es auf dem Komposthaufen einige Monate dauert bis die Blätter durch vielerlei Mikroorganismen zerkleinert sind, schafft es der Rasenmäher bei einmaligem Darübermähen. Das derart gehäckselte Laub verrottet wesentlich schneller, als dies selbst bei feuchten, aber noch weitgehend ganzen Blättern der Fall ist.
Das zerkleinerte Laub kann sogar auf dem Rasen liegenbleiben. Es wird weder vom Wind fortgeweht, noch wird der Rasen beschädigt, da sich keine dichte Schicht bildet wie nach dem Laubfall. Sicher, unter Bäumen wird nach dem Mähen besonders viel Laubhäcksel liegen, doch zu dichte Schichten kann man auf die übrige Rasenfläche verteilen.
Wie gesagt, Bedenken, daß der Rasen dadurch leiden könnte, braucht man nicht zu haben. Es ist erstaunlich, wie rasch das kleingehäckselte Laub von der Rasenfläche verschwindet – es wird von Regenwürmern in deren Röhren gezogen. Bei dieser Methode ist es allerdings ratsam, daß vom Beginn des Laubfalls im Oktober bis zum Ende im November der Rasen einige Male gemäht und dabei gleichzeitig das vorhandene Laub zerkleinert wird. So kann sich die Arbeit der Regenwürmer auf einen längeren Zeitraum verteilen und es ist möglich, daß in einem milden Winter der kleingehäckselte Laub-Rasenschnitt schon im Dezember/Januar weitgehend von der Bildfläche verschwunden ist.
Wer will, kann dieses Laub-Gras-Gemisch aber ebensogut kompostieren. In diesem Fall genügt ein letzter Rasenschnitt, wenn alles Laub von den Bäumen ist. Es schadet nicht, wenn das Gras etwas höher als normal steht, sofern es der Motormäher schafft, im Gegenteil. Durch den Stickstoffgehalt und der Feuchtigkeit des Grasanteils ergibt dies ein gut kompostierbares Gemisch, das wegen der zerkleinerten Blätter und der – im Gegensatz zu ganzen Blättern – besseren Durchlüftung auf dem Komposthaufen rasch verrottet.

Das herbstliche Laub kann zum Packen des Frühbeetkastens, zum Abdecken kälteempfindlicher Pflanzen, einer Miete u. a. verwendet werden.

Noch eine weitere Möglichkeit gibt es, um das Herbstlaub zu verwerten: Wenn ein Frühbeet vorhanden ist, das nicht bereits im Februar mit dampfendem Mist gepackt werden soll, heben wir im Herbst die Erde aus und bringen eine Laubpackung ein. Wie stark diese Schicht sein kann, richtet sich nach der Tiefe des Frühbeetes. Es muß berücksichtigt werden, daß nach dem Festtreten des Laubes im Frühjahr noch etwa 15–20 cm hoch Erde aufgebracht wird und dann noch etwa 15–20 cm Abstand zu den Fenstern verbleiben soll. Ein solcher kalter Kasten kann ab Anfang März angelegt werden. Die Fenster legen wir allerdings schon Mitte Februar auf, damit die gefrorene Mistbeeterde auftauen kann.

Der Gartenteich im Winter

Becken und Teiche aus glasfaserverstärktem Polyester und anderen Kunststoffen bleiben auch bei Frost mit Wasser gefüllt. Diese Materialien sind frostbeständig. Entleert man ein solches Becken, so besteht sogar die Gefahr, daß es durch Frost hochgedrückt wird. Dasselbe gilt auch für Folienteiche. Wichtig ist nur, daß man den Gartenteich vor Winterbeginn von hineingewehtem Laub, absterbenden Pflanzenresten und Schlamm säubert, um die Bildung von Faulgasen zu verhindern. Schilf, Binsen und andere Pflanzen, vor allem die Unterwasserpflanzen verbleiben im Teich, weil durch sie ein Luftaustausch stattfindet, auch wenn sich eine Eisdecke gebildet hat.

Gibt es wichtige Gründe das Wasser doch abzulassen, wird auf die Seerosen ein Laubhaufen geschüttet. Auch bei Becken, die nicht tiefer als etwa 60 cm, also nicht frostfrei sind, nehmen wir die meist in Körbe oder Kübel gepflanzten Seerosen heraus und binden sie in einen Foliensack ein. In einem Keller mit geringer Luftfeuchtigkeit können sie dann nicht austrocknen. Sie faulen nicht, auch wenn sie durch und durch naß in den Überwinterungsraum gebracht wurden. Fische nimmt man aus einem solchen Becken heraus und überwintert sie in einem Aquarium im Keller.

Ein Teich, das »i-Tüpfelchen« in diesem Garten, sieht auch im Winter recht idyllisch aus. Bei Eis und Schnee ruht das Leben, um sich im Frühjahr in neuer Schönheit zu entfalten.

Bei tieferen Becken, dessen Boden zum Teil in garantiert frostfreier Tiefe (80–90 cm) liegt, können Seerosen und Fische unbeschadet überwintern. Wichtig ist allerdings, daß für Sauerstoffzufuhr gesorgt wird, da sonst die Fische unter einer geschlossenen Eisdecke ersticken können. Wir stellen deshalb ein größeres Büschel Stroh oder Schilfrohr ins Wasser, das etwas aus der Wasseroberfläche herausschauen muß, damit Luft hinzu kann.
Zum Luftaustausch dient auch ein Loch im Eis. Man sollte es aber wegen der Fische nicht hineinschlagen, sondern mit heißem Wasser auftauen. Wer vorbeugen will, kann eine Styroporplatte mit einem Holzrahmen umgeben und diesen Frostschutz zeitig genug auf die Wasseroberfläche legen. Auf diese Weise ist der lebensnotwendige Austausch von Sauerstoff und Kohlendioxid gewährleistet.
Bewährt hat sich auch ein Teichheizer, besonders bei geringer Wassertiefe. Ebenso kann man mit Hilfe einer Pumpe den so wichtigen Sauerstoff zuführen, so daß die Fische auch im Winter günstige Lebensbedingungen haben, obwohl zu dieser Zeit der Stoffwechsel ohnehin reduziert ist. Ein weiterer Vorteil: Durch das Sprudeln der Pumpe friert das Wasser nicht ganz zu.
Halten sich Katzen im winterlichen Garten auf, so bedeutet dies Gefahr für die Fische; es kann durchaus sein, daß man im Frühjahr keine mehr vorfindet. Um solche Fischzüge zu vermeiden, deckt man ein kleineres Becken mit einem Gitter ab oder legt Stäbe kreuz und quer über das Wasser.

Gehölze bei starkem Schneefall abschütteln

Eine wichtige Arbeit, die häufig versäumt wird! Hinterher ärgern wir uns dann über den Schaden, der sich leicht hätte vermeiden lassen. Manchmal fällt bereits im November oder noch im April viel Schnee. Wenn dieser noch dazu naß ist, lastet ein enormes Gewicht auf den Ästen, es kommt zu Astbruch. Freilich, wenn dies nachts ist, läßt sich nichts dagegen unternehmen, doch bei Tag lohnt es sich, schneebeladene Bäume bzw. Äste mit einem Besen abzuschütteln. Waagrechte und weitausladende Äste alter Bäume werden am besten schon vor Winterbeginn gegen Bruch gesichert, indem ein Pfahl, mit einem kleinen Brett obenauf unter einen solchen schneedruckgefährdeten Ast eingebaut wird.
Gefährdet durch Schneelawinen sind Gehölze, die nahe am Haus stehen. Sobald der Schnee zu tauen beginnt, besteht die Gefahr, daß eine Dachlawine niedergeht. Deshalb sollte man wertvolle Gehölze an solchen Stellen bereits vor Winterbeginn schützen, indem man sie mit zeltartig aufgebauten Pfählen oder Brettern umgibt.
Schneedruckgefährdet sind außerdem größere säulenförmige Gehölze, ganz gleich ob es sich um Wacholder, Thujen, Eiben, Scheinzypressen oder Japanische Zierkirschen handelt. Bei viel Schnee werden die Triebe weit auseinandergedrückt, und vorbei ist es mit der eleganten Säulenform. In schneereichen Gebieten lassen sich solche wertvollen Gehölze schützen, indem man die Säulen bereits im November mit Schnur spiralenförmig zusammenbindet. Auch bei Sträuchern, die unter der Schneelast leicht auseinanderbrechen wie z. B. Ginster, empfiehlt sich dies.
Thujen- oder andere wintergrüne Hecken an stark befahrenen Straßen leiden im Winter, wenn mit Streusalz gearbeitet wird. Um sie vor spritzendem Schneewasser, das mit Salz vermischt ist, zu schützen, stellt man am besten längs der Straßenseite eine Rohrmatte davor.

Das lockere Zusammenbinden ist der beste Schutz gegen Schneedruck.

Am Barbaratag werden nach altem Brauch Zweige geschnitten, die Weihnachten blühen.

Am 4. Dezember ist Barbara

Am Barbaratag werden nach altem Brauch die Zweige frühblühender Gehölze geschnitten und zum Antreiben ins warme Zimmer gebracht. Dort sollen sie dann zu Weihnachten blühen. Das tun sie zwar nicht auf den Tag genau, doch in der Weihnachtszeit in jedem Fall. Besonders gut eignen sich Forsythienzweige, weil sie besonders rasch und sicher aufblühen, aber auch viele andere Gehölze, die bereits im Herbst ihre Knospen angesetzt haben: Blutjohannisbeeren, Zierpflaumen, Kirschen, Zieräpfel, Pfirsiche und Japanische Quitten. Auch Zweige von Kornelkirsche, Ziermandel, Zaubernuß, Winterjasmin, Schlehen, Haselnuß und Kätzchenweide kommen zur frühen Blüte, wenn wir sie ins Zimmer bringen. Gleichzeitig werden die Sträucher durch den Schnitt von Barbarazweigen etwas ausgelichtet.
Wie rasch die Zweige zu blühen beginnen, hängt vor allem davon ab, ob es vor dem Schneiden schon einige Frostnächte gegeben hat. Die Pflanzen brauchen eine gewisse Ruhezeit und treiben williger aus, wenn sie einen Kälteschock hinter sich haben. Vor Anfang Dezember sollte man deshalb mit der Treiberei nicht beginnen. Je später wir im Winter schneiden, um so kürzer ist die Zeit, bis die Zweige aufblühen. Man nimmt nur gut mit Blütenknospen besetzte Zweige, denn Triebe mit kleineren Blattknospen bringen nur Grün. Wir stellen die Zweige im temperierten Zimmer in eine große mit Wasser gefüllte Vase. Der Raum sollte nur nicht zu heiß und zu trokken sein. Deshalb ist ein Platz in unmittelbarer Nähe des Ofens oder Heizkörpers nicht geeignet. Es macht nichts, wenn die Zweige anfangs im Dunkeln stehen. Vergessen wir nicht, das Wasser ab und zu auszuwechseln, es muß frisch bleiben. Wer Zeit dazu hat, kann die Zweige des öfteren mit lauwarmem Wasser übersprühen. Dadurch blühen die Knospen gleichmäßiger und früher auf. Sobald sie Farbe zeigen, stellen wir die Vase in das volle Licht. Auf diese Weise können wir den Frühling ins Haus holen – und das den ganzen Winter über.

Ziersträucher auslichten und verjüngen

Ziersträucher sollten so weit gepflanzt werden, daß sie sich zu ihrer vollen Größe und Schönheit entwikkeln können, ohne daß ständig mit der Schere daran herumgeschnippselt werden muß. Die ersten Jahre nach der Pflanzung gibt es im Winters kaum etwas zu tun.
Stellt man allerdings fest, daß die Sträucher entschieden zu eng stehen, warten wir nicht, bis sie sich gegenseitig schier erdrücken, sondern nehmen den einen oder anderen aus der Pflanzung und setzen ihn an eine andere Stelle. Dafür ist im Spätherbst eine gute Zeit. Wenn vorher gewässert wurde, die Sträucher mit großem Wurzelballen vorsichtig ausgegraben und wieder gepflanzt werden, wachsen sie im kommenden Frühjahr beinahe ohne Störung weiter.

Doch jetzt zum Auslichtungsschnitt: Erst nach etwa 5 Jahren ab Pflanzung, wenn Ziersträucher in sich zu dicht werden, ist ein gelegentliches Auslichten am Platze, das wir in den Wintermonaten, also etwa von November bis März durchführen. Dabei werden aus den Sträuchern vor allem dürr gewordene und alte Triebe entfernt, die wir an der dunklen Holzfarbe erkennen.
Wichtig ist, daß der Strauch nach dem Auslichten seine charakteristische Wuchsform behält. Auf keinen Fall sollten Ziersträucher oben glatt abrasiert oder willkürlich eingekürzt werden, so daß sie hinterher wie amputiert aussehen. So behandelte Sträucher verschönern weder im Winter noch den Sommer über den Garten. Ein solches falsch verstandenes Auslichten oder Verjüngen von Ziergehölzen kann man allerdings gar nicht so selten beobachten. Die Natur ist zwar gnädig und überwächst solche Sünden, es dauert aber doch eine geraume Zeit, in der wir mißgestaltete Sträucher ansehen müssen.
Beim Auslichten werden die Triebe deshalb entweder dicht über dem Boden abgeschnitten oder aber bis auf Jungtriebe (helleres Holz) zurückgesetzt. Solche Jungtriebe sind vielfach im unteren Bereich der alten Triebe vorhanden. Wenn wir diese Regeln beachten, behalten die ausgelichteten Sträucher ihre natürliche Wuchsform.
Das angefallene Schnittmaterial schneidet man in der arbeitsärmeren Winterzeit mit der Schere auf gut fingerlange Stücke und gibt diese in einen Korb oder größeren Karton. Beim Kompostieren haben wir dann reichlich grobes, sparriges Schnittmaterial zur Hand, das zwischen die einzelnen Kompostschichten eingestreut wird. Dadurch wird zusätzlich Luft an das Kompostmaterial herangeführt und dadurch die Verrottung gefördert. Selbstverständlich dauert es we-

1 

1 Bei älteren, zu dicht gewordenen Ziersträuchern schneidet man bevorzugt alte Triebe, erkenntlich am dunkleren Holz, entweder dicht über dem Boden ab oder ...

2 ... setzt sie auf einen Jungtrieb zurück, der im Holz heller ist.

3 Hier der ausgelichtete Strauch. Die natürliche Wuchsform blieb erhalten.

 2

3 

sentlich länger als bei Garten- oder Küchenabfällen, bis auch diese Zweigstückchen zu Humus werden, doch in etwa 2–3 Jahren sind auch sie verrottet.

Es gibt auch Ziersträucher, die wir radikaler beschneiden können, als vorher beschrieben. So empfiehlt es sich, bei den im Sommer blühenden Spiräen *(Spiraea bumalda)* oder beim Fingerstrauch *(Potentilla)* von alten Sträuchern alle Triebe bis auf den Boden zurückzuschneiden. Im Frühjahr erfolgt dann ein kräftiger Neutrieb, der bald wieder in Blüte steht.

Beim Schmetterlingsstrauch *(Buddleia)* beobachten wir, daß er häufig im Winter stark zurückfriert. Er eignet sich deshalb nicht für die Rahmenpflanzung um ein Grundstück, sondern sollte im Garten besser allein gestellt werden. Doch das Zurückfrieren schadet bei diesem hübschen Ziergehölz nicht, die Triebe sollen ohnehin zum Winterausgang radikal bis auf 20–30 cm und noch tiefer zurückgeschnitten werden. Dies ist die Voraussetzung für eine reiche Blüte. Auch einige andere Sträucher frieren im Winter häufig zurück, wie Eibisch *(Hibiscus)*, Gartenhortensie *(Hydrangea macrophylla)*, Säckelblume *(Ceanothus)* u. a. Bei diesen entfernen wir zu Winterausgang das abgestorbene Holz, die Säckelblume schneidet man dagegen am besten radikal zurück.

Und noch etwas zum Thema »Schnitt«. Starkwachsende Wildtriebe entstehen häufig aus der Unterlage bei Ziermandelbäumchen, Halb- und Hochstämmchen von Japanischen Zierkirschen, Kugelahornbäumen u. a. veredelten Gehölzen. Sie müssen auf jeden Fall entfernt werden, da sie sonst die Edelsorte unterdrücken würden.

Verschiedene Ziersträucher können radikal bis zum Boden heruntergeschnitten werden. Sie treiben dann neu aus. Die anfallenden Äste werden kleingeschnitten oder gehäckselt.

Mit dem Häckselmaterial kann man den Boden zwischen den Sträuchern abdecken, also mulchen, damit er im Sommer feucht und weitgehend unkrautfrei bleibt.

Hecken schneiden und verjüngen

Hecken sollten in den ersten Jahren nach der Pflanzung streng geschnitten werden. Damit sie sich bereits vom Boden her dicht verzweigen, nehmen wir sie vor allem in der Länge zugunsten der seitlichen Triebe stärker zurück. Auf diese Weise bekommen wir eine dichte, grüne Wand. Die Hecke sollte nur langsam in die Höhe wachsen, bei jedem Schnitt geben wir deshalb nur etwas an Länge zu. Vor allem wird beim Schnitt darauf geachtet, daß sich die Hecke nach oben hin verjüngt. Sie sollte unten breiter als oben sein. Andernfalls würde sie im unteren Bereich bald verkahlen und oben auseinanderfallen. Um bei dem Schnitt eine gleichmäßige Höhe und Form zu erreichen, spannen wir eine Schnur.

Damit die Hecke gepflegt aussieht, sollte sie zweimal im Jahr geschnitten werden, einmal nach Abschluß des ersten Triebes, ein zweites Mal im August. Wenn Vögel in der Hecke brüten, lassen wir den sommerlichen Heckenschnitt bleiben und holen ihn im Winter nach. Zum Winterende sollte die Hecke wieder in Form sein, besser schon früher, denn schließlich soll unser Garten auch während der kalten Jahreszeit ansprechend aussehen.

Dies gilt für alle Laubgehölze, doch auch eine Fichtenhecke kann während des Winters geschnitten werden. Nur muß man vorsichtiger arbeiten. Laubgehölzhecken können wir ohne Nachteil die gewünschte Form geben, die Triebe also auch etwas schärfer zurücknehmen. Eine Fichten- oder Thujenhecke darf dagegen nicht bis auf kahle Triebe zurückgeschnitten werden. Seitlich und oben muß sie noch grün sein, da sich kahle Stellen nicht mehr oder nur sehr zögernd begrünen würden. Wer es zeitlich schafft, sollte eine Thujen- oder Fichtenhecke jedoch besser im Juli/August schneiden. Bei diesen Nadelgehölzen genügt ein einmaliger Schnitt im Jahr.

Links: Eine zu hoch und zu breit gewordene Hainbuchenhecke kann man während der Wintermonate verjüngen, d. h. kräftig ins alte Holz zurückschneiden. Im Frühjahr erfolgt dann ein neuer Durchtrieb.

Hier wurde eine hohe Ligusterhecke, die starker Schneefall auseinandergedrückt hat, mit Baumsäge und Astschere bis dicht über dem Boden zurückgeschnitten. Bereits im Frühsommer entsteht aus den Stummeln eine neue Hecke.

Ältere Laubgehölzhecken, also vor allem Hainbuche, Liguster, Kornelkirsche und Feldahorn, die zu hoch und zu breit geworden sind, können wir im Laufe des Winters verjüngen. Sie werden dabei stark ins alte Holz hinein zurückgeschnitten und treiben im Frühjahr willig aus. Je früher im Winter das Verjüngen erfolgt, desto kräftiger der Austrieb.
Nach dieser Arbeit sollte die Hecke ebenso wie beim normalen Schnitt oben schmäler sein, also von unten nach oben konisch zulaufen. Ein praktischer Anhaltspunkt: Wenn beispielsweise eine 1,50 m hohe Hecke nach dem Schnitt unten 40 cm breit ist, sollte sie sich nach oben bis auf etwa 25 cm Breite verjüngen. Dadurch wird sie gleichmäßig dicht.

Bei Nadelgehölzen ist ein Verjüngen nicht in gleicher Weise möglich. Man kann sie zwar in der Höhe stärker zurücknehmen, muß aber dann oben für längere Zeit eine kahle Fläche in Kauf nehmen. Seitlich darf man sie auf keinen Fall bis auf kahles Holz zurückschneiden, denn im Gegensatz zu Laubhecken würde im kommenden Frühjahr kein Austrieb erfolgen.

Geräte: Während für den normalen Heckenschnitt eine Heckenschere – bei längeren Hecken lohnt die Anschaffung einer elektrischen Schere – das richtige Gerät ist, braucht man zum Verjüngen eine Baumsäge und Gartenschere. Bewährt hat sich für diese Arbeit außerdem eine Astschere mit langen Griffen. Mit ihr kommt man gut ins Innere der Hecke hinein, kann Äste bis etwa 4 cm Durchmesser ohne großen Kraftaufwand abschneiden, so daß nur bei besonders kräftigen Ästen die Säge zur Hand genommen werden muß.

Bäume und Sträucher umpflanzen

Wenn Gehölze seit vielen Jahren am gleichen Platz stehen, kann ein Umpflanzen recht schwierig sein. In der Baumschule geschieht dies alle 2–3 Jahre, auch bei großen Gehölzen. Auf diese Weise werden weitstreichende Wurzeln vermieden, das Wurzelwerk konzentriert sich rund um den Stamm. Ein Verpflanzen ist dann leicht möglich, denn der Wurzelballen hält gut zusammen.
Anders im Garten. Doch, wenn es sein muß, gelingt auch hier ein Verpflanzen, vor allem, wenn wir dies bei größeren Gehölzen langfristig vorbereiten. Bei Sträuchern gibt es kaum Schwierigkeiten. Sind sie noch nicht allzu groß, dann binden wir die Triebe zusammen und graben sie im Spätherbst oder zeitigen Frühjahr unter Schonung der Wurzeln aus. Um einen Ausgleich zum nun verringerten Wurzelwerk zu schaffen, wird der verpflanzte Strauch ausgelichtet und kräftig angegossen.
Bei größeren, bereits voll entwickelten Sträuchern ist ein Verpflanzen mit mehr Aufwand verbunden. Nachdem der Boden rund um das Gehölz gut angefeuchtet wurde – damit der Wurzelballen besser zusammenhält – heben wir mit Pickel und Schaufel einen Graben aus. Der Ballendurchmesser sollte je nach Größe des Strauches 0,80–1,20 m groß sein. Bei einem noch größeren Ballen wird der Transport zu schwierig, auch wenn dieser nur innerhalb des Gartens erfolgt.
Mit Hilfe einer kräftigen Folie, mit Tüchern oder Säcken versuchen wir, den Ballen beim Transport an die neue Stelle möglicht nicht zu beschädigen. Das Pflanzloch sollte bereits vorher ausgehoben werden, groß genug, so daß der Ballen darin Platz hat und noch ein wenig Luft zum gewachsenen Boden bleibt. Nachdem beschädigte Wurzeln glattgeschnitten wurden, stellen wir das Gehölz ins Pflanzloch und füllen am Rand mit Komposterde oder guter Gartenerde auf. Anschließend wird der Ballen mit viel Wasser eingeschlemmt und das Gezweig ausgelichtet. Dies ist zweckmäßiger als ein kräftiger Rückschnitt aller Teile, weil auf diese Weise der natürliche Wuchscharakter erhalten bleibt. Sobald im Frühjahr reichlich Rasenschnitt anfällt, bringen wir rund um den Strauch eine handhohe Mulchschicht auf den Boden auf; das fördert das Anwachsen. Um sicher zu gehen, daß ein wertvolles Gehölz, besonders ein größerer Nadelbaum nach dem Verpflanzen anwächst, heben wir bereits ein Jahr vor dem Verpflanzen rund um den Baum einen schmalen Graben aus und füllen diesen mit Torfmull und nahrhafter Komposterde. Danach bilden sich an den Enden der abgehackten Wurzeln viele feine Faserwurzeln und der Ballen hält beim späteren Transport gut zusammen.

Wer will, kann größere Gehölze aber auch mit Frostballen verpflanzen. Dazu heben wir vor Winterbeginn bzw. an frostfreien Tagen während des Winters um den Baum oder Großstrauch einen Graben aus und schneiden die abgehackten Wurzeln glatt. Gleichzeitig wird der Wurzelballen in etwa 40–50 cm Tiefe unterminiert, so daß dieser keine Verbindung mehr zum umgebenden Erdreich hat. Es sollte nur durch Stützen dafür gesorgt werden, daß der Baum auch bei Sturm und starkem Schneefall nicht umfällt. Nun wird vor Frostnächten kräftig angegossen, so daß bei einsetzender Kälte der ganze Ballen beinhart gefriert. In diesem Zustand läßt er sich problemlos transportieren, natürlich mit ein paar Helfern. Nachdem der Baum umgelegt wurde, schiebt man unmittelbar über dem Wurzelballen einen kräftigen Baumpfahl unter dem Stamm hindurch, so daß er hier von zwei Leuten getragen werden kann. Am Ende der Krone hält ihn der dritte Mann bzw. trägt ihn mit. Vorher wird das Pflanzloch vorbereitet, so daß das Gehölz mit gefrorenem und deshalb unbeschädigtem Ballen nur noch wie beschrieben gepflanzt zu werden braucht. Anschließend bekommt es einen Pfahl bzw. wird mit mehreren Pfählen abgestützt oder mit Drähten verspannt. In Gegenden mit kalten Wintern ist dies eine gute Möglichkeit, um größere Bäume zu verpflanzen.

Größere Bäume mit Frostballen verpflanzen: Um den Wurzelballen einen Graben ausheben.

Vor einer Frostnacht wird der Ballen mit mehreren Gießkannen voll Wasser angegossen.

Nach dem Gefrieren kann man den Baum ohne Beschädigung transportieren.

Schneeheide gleich nach der Blüte zurückschneiden

Zu Recht ist die Schneeheide *(Erica carnea)* sehr beliebt. Sie ist eine recht bedürfnislose Pflanze und eignet sich ausgezeichnet für eine Heideecke, den Pflanztrog oder für den Steingarten. Ein entzückendes Bild, wenn ein paar Pflanzen mit Schneeglöckchen und frühblühendem Wildkrokus durchsetzt sind, vor allem, wenn in der Umgebung noch Schnee liegt!
Dabei wächst die Schneeheide willig, sieht das ganze Jahr über ordentlich aus und blüht im Spätwinter – je nach Sorte zu verschiedenen Monaten – über viele Wochen hinweg. Bei der rosaroten 'Winter Beauty' beginnt die Blüte sogar schon im Dezember und hält bis in den März hinein an. Jeder humose Gartenboden ist der Schneeheide recht, sie übersteht normale Winter ohne Schaden, und auch gegen Kalk im Boden ist sie unempfindlich. Einen kleinen Schönheitsfehler aber hat auch diese Pflanze. Sie verkahlt im Laufe der Jahre und sieht dann allmählich unschön aus, vor allem auch, weil der ehedem niedrige Bodenteppich aus Schneeheide zu hoch wird. Dem läßt sich aber leicht entgegenwirken, wenn wir die Pflanzen gleich nach der Blüte mit der Gartenschere, bei etwas größeren Flächen mit der Heckenschere zurückschneiden. Ein solcher Rückschnitt sollte entweder alle 2–3 Jahre kräftig erfolgen, etwa auf die halbe Höhe, oder alljährlich leicht. Dadurch werden die Pflanzen zur vermehrten Bildung neuer Blütentriebe und zu dichterem Wuchs angeregt.

Die Schneeheide schneidet man am besten gleich nach der Blüte etwas zurück. Dadurch bleiben die Pflanzen niedrig und buschig, während sie sonst allmählich verkahlen würden.

Überhang beseitigen

Überhängende Äste von Bäumen und Sträuchern stören häufig den nachbarlichen Frieden. Manchmal treffen sich die Parteien sogar vor Gericht, und man kann sich unschwer vorstellen, wie erfreulich sich das nachbarschaftliche Zusammenleben weiterhin entwickelt. Es gibt allerdings auch Fälle, in denen es der Nachbar nicht möchte, daß wir auf sein Grundstück überhängende Äste beseitigen, weil er sich ebenfalls an malerisch gewachsenen Gehölzen freut und keinen Wert darauf legt, von seiner Seite aus einen amputierten Baum zu sehen. Unter vernünftigen Nachbarn werden solche Grenzfragen offen besprochen. Wir bieten jedenfalls an, alle überhängenden Äste und Triebe während der Wintermonate zu beseitigen. Dabei gehen wir nicht zu kleinlich vor, sondern schneiden möglichst so weit zurück, daß der nächstjährige Austrieb nicht wieder überragt. Manchmal ist es sogar besser, einen wenig wertvollen und noch nicht allzugroßen Baum ganz zu roden, als in kurzen Zeitabständen immer einmal wieder mit Säge und Schere zu arbeiten.
Doch, wie gesagt, vielleicht haben Sie einen baumfreundlichen Nachbarn, der auf die Beseitigung des Überhangs verzichtet, sofern er dadurch nicht gerade größere Nachteile in Kauf nehmen muß, etwa bei der Bearbeitung und Nutzung seines Grundstückes, Lichtentzug bei Wohnräumen usw.
Rechtlich ist die Beseitigung des Überhangs in § 910 BGB geregelt. Der Geschädigte darf nicht zur Selbsthilfe, d. h. zur Säge greifen, bevor er nicht dem Besitzer der überhängenden Bäume und Sträucher eine angemessene Frist einräumt, um den Überhang wegzuschneiden. Dabei kann die Zeit der Winterruhe, also von Spätherbst bis zum neuen Austrieb wohl als angemessen bezeichnet werden. Unternimmt der Besitzer der überhängenden Gehölze in diesem Zeitraum nichts, kann derjenige, auf dessen Grundstück die Triebe überhängen, diese beseitigen, allerdings nur bis zur Grenzlinie. Um solchen unangenehmen Arbeiten aus dem Weg zu gehen, sollten Gehölze – ganz gleich ob Obstbäume oder Ziergehölze – von Anfang an weit genug von der Grenze entfernt gepflanzt werden.

Die gefiederten Gäste

Nistkästen reinigen

Groß ist die Freude, wenn ein Nistkasten im Garten angenommen wird und wir zuschauen können, wie die Vogeleltern ihre Jungen im geschäftigen Hin und Her mit Nahrung versorgen. Doch sobald die letzten jungen Vögel im September ausgeflogen sind, erlischt auch meist das Interesse, und der Nistkasten bleibt

Spätestens zu Winterbeginn wird das alte Nest herausgenommen.

Dann reinigt man das Innere mit einem Pinsel, damit der Nistkasten frei von Ungeziefer ist.

sich selbst überlassen. Vielfach geschieht dies sogar in guter Absicht, meint doch so mancher Gartenfreund, ein einmal gebautes Nest würde auch andere Vögel zum Brüten verlocken.
Dem ist aber nicht so. Der Nistkasten muß leer sein. Wenn wir das Nest nicht bereits nach der zweiten Brut entfernt und verbrannt haben, sollte dies spätestens zu Winterbeginn geschehen, denn mit Ausnahme des Stars wirft kein Vogel das alte Nest aus dem Kasten. Damit wird gleichzeitig eine lästige Ungezieferquelle beseitigt. Im alten Nest überwintern nämlich Flöhe und Milben, die sich im Frühjahr auf die brütenden Vögel und erst recht auf die hilflosen Jungen im darüber gebauten neuen Nest stürzen. Sie können die ganze Brut vernichten. Insbesondere im Meisennistkasten ist der Vogelfloh zu Hause. Nach Untersuchungen kann man ihn bei nicht weniger als 48 Vogelarten antreffen, so auch bei Rotschwänzchen, Fliegenschnäppern, Staren und Spatzen. Daraus erklärt sich auch, wie man bei der Gartenarbeit zu einem Floh kommen kann, der Juckreiz verursacht.
Die gegen kalte Winter sehr widerstandsfähigen Flöhe kommen mit den brütenden Vögeln in den Nistkasten und vermehren sich dort rapide. Ihre Larven sind für die erste Brut noch ungefährlich. Wenn jedoch das Nest danach nicht entfernt wird und die Vögel mangels

anderer Gelegenheit gezwungen sind, ihre zweite Brut – Ende Juni/Anfang Juli – in dem alten Nest unterzubringen, fallen die inzwischen ausgewachsenen Flöhe die Jungvögel an und saugen ihnen wie Vampire das Blut aus, so daß die ganze Nachkommenschaft innerhalb weniger Tage stirbt. Wie groß die Plage sein kann, zeigt eine Untersuchung, bei der in einem einzigen Nest 2576 Flöhe festgestellt wurden.
Um die Vögel davor zu schützen, werden die Kästen nach dem Ausfliegen jeder Brut gereinigt, indem wir die alten Nester herausnehmen und verbrennen. Danach werden die leeren Kästen wieder im Baum aufgehängt, genügend hoch und leicht nach vorn geneigt, damit kein Wasser hineinfließen kann, mit der Flugöffnung nach Süden oder Südosten und so, daß die Kästen weder in der prallen Sonne noch im tiefen Schatten hängen.
In den meist nicht zu großen Gärten genügen zwei Meisenkästen – wenigstens 15 m auseinander, damit sich die Paare nicht in die Quere kommen –, ein Kasten für Rotschwänzchen und ein Starenkasten, wenn es in der Gegend nur wenige Stare gibt. Günstig ist eine Höhe von 2–4 m.
Die Kästen müssen stabil, wetterfest und wärmehaltend sein, außerdem einfach zu öffnen und zu verschließen. Sehr brauchbar sind Holzbetonhöhlen und Holznistkästen einiger bekannter Hersteller. Sie werden auch mit Marderschutz angeboten, also mit einer röhrenförmigen Verlängerung des Fluglochs, die einen Zugriff von Mardern und Katzen unmöglich macht.
Wer neue Kästen aufhängen will, sollte dies noch vor Winterbeginn tun, denn sie werden nicht nur zum Brüten, sondern vor allem von Meisen auch als Winterquartier benutzt.

Vögel füttern, aber richtig
Vogelfütterung in den Wintermonaten gehört zum alljährlich wiederkehrenden Ritual vieler Gartenfreunde. Wer aber glaubt, damit seltene bzw. vom Aussterben bedrohte Vogelarten vor dem Verhungern zu schützen, irrt. Es kommen nämlich vor allem solche Vogelarten an das Futterhäuschen, die auch ohne Winterfütterung kaum weniger würden: Amseln, Meisen, Grünfinken und Spatzen.
Gewiß, durch Fütterung kommen mehr von ihnen durch den Winter. Die Natur sorgt aber bald für Ausgleich: Im Frühjahr werden die Brutreviere für die Aufzucht der Jungen zu klein.
Trotzdem soll zu einer Fütterung mit Maß geraten werden. Es ist eine ideale Möglichkeit, die Natur auch bei Eis und Schnee vom warmen Zimmer aus »hautnah« zu erleben. Dies gilt vor allem für Kinder, deren Liebe zur Natur auf diese Weise geweckt werden kann. Dabei geben wir zu Winterbeginn bzw. während wärmerer Witterungsperioden nur

Das geschäftige Treiben am Futterhäuschen ist vor allem für Kinder ein Erlebnis. Futterstelle des öfteren reinigen, damit sich die Vögel nicht mit Krankheiten anstecken!

wenig Futter, so daß es nicht liegenbleibt. Lediglich bei anhaltender Kälte und stärkeren Schneefällen kann mehr gefüttert werden.
Auf keinen Fall sollte die Fütterung im Frühjahr und Sommer fortgesetzt werden, denn darunter würden vor allem die Jungen leiden. Es ist eine falsch verstandene Tierliebe, wenn z. B. Meisen das ganze Jahr über mit Erdnußkernen oder Pignolen auf die Terrasse oder ans Gartenhäuschen gelockt werden. Sie finden im Garten außer bei Schnee und strenger Kälte genügend Schädlinge und andere zusagende Nahrung. Ja selbst im Winter können wir den Meisen zusehen, wie sie behend von Ast zu Ast hüpfen, ständig auf Nahrungssuche.

Zum Winterfutter: Wir können es kaufen oder selbst herstellen. Bewährt hat sich ausgelassener Rindertalg, der mit Kleie im Verhältnis 1:1 gemischt und mit etwas Speiseöl versetzt wird. Dadurch läßt sich die Masse zu Knödeln formen und wird auch bei Frost nicht allzu hart. Eine kostenlose Futterquelle sind außerdem die vertrockneten Fruchtstände von Stauden und anderen Gartenpflanzen. Wir lassen sie deshalb den Winter über stehen. Auch im Herbstlaub findet sich Nahrung. Es bleibt unter Sträuchern und auf Wildstaudenpflanzungen liegen, nicht nur wegen der Vögel, sondern weil es zu wertvollem Humus verrottet.

Wer ein Futterhäuschen aufs Fensterbrett oder in den Garten stellt, sollte es einmal in der Woche mit heißem Seifenwasser reinigen. Es muß immer sauber sein, um nicht zu einem Ansteckungsherd für Vogelseuchen zu werden. Häuschen, die ein Beschmutzen des Futters durch die Vögel unmöglich machen, sind deshalb zweckmäßig. Schade, daß sie lange nicht so hübsch aussehen, wie die gewohnten.
Ein Vorschlag: Stellen Sie außer dem Häuschen am Fensterbrett oder in Fensternähe ein weiteres Häuschen für die scheuen Vögel in einer ruhigen, entlegenen Gartenecke auf. Um gegen Katzen gesichert zu sein, sollte es jedoch auf einer 2 m hohen, glatten Stange sitzen.
Futterhäuschen und Nistkästen, die sich auf Bäumen befinden, schützt man mit einem um den Stamm gelegten Stachelkragen. Die nach

Eine »moderne« Futterstelle, leider recht nüchtern im Aussehen, aber zweckmäßig.

außen weisenden langen Nägel halten Katzen zuverlässig fern.
Futterstellen am Boden, die von bestimmten Arten bevorzugt werden, sollen eine nach allen Seiten freie Sicht ermöglichen. Außerdem sollte ein Baum in der Nähe sein, auf den sich die Vögel im Notfall retten können.
Wetterschutz und Schlafgelegenheit finden die Vögel den Winter über nicht nur in Nistkästen, sondern ebenso auf Bäumen und in Sträuchern. Liguster, Hainbuche und verschiedene Nadelgehölze werden besonders gerne aufgesucht.

Gemüsegarten

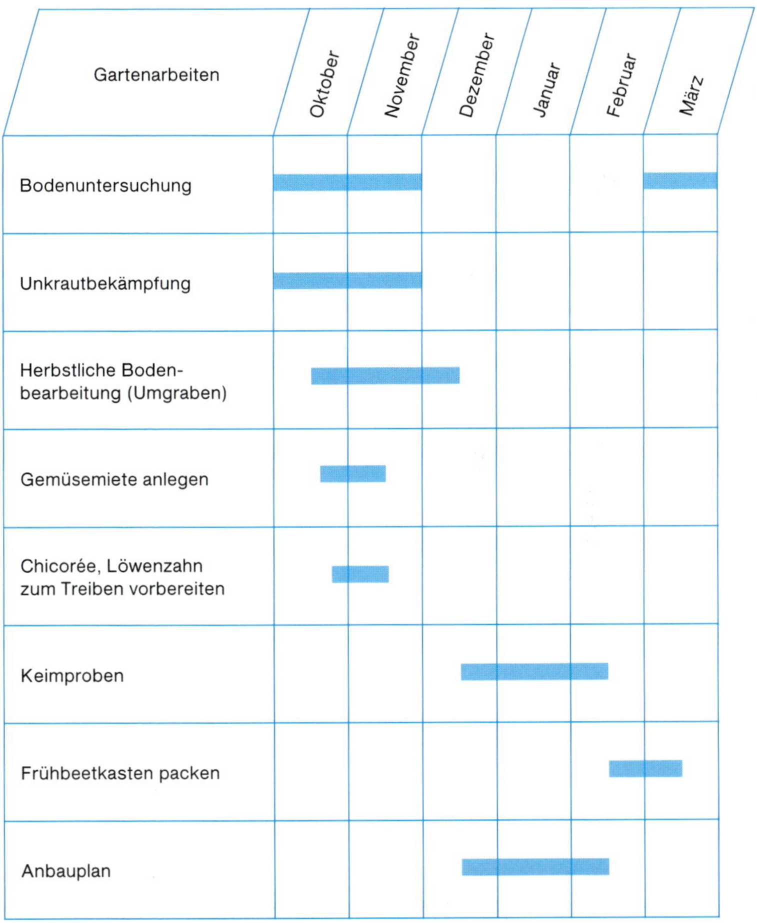

Eine Bodenuntersuchung schützt vor Düngefehlern

Wer Jahr für Jahr nach starren Rezepten oder nach Gefühl düngt, ohne zu wissen, was dem Boden eigentlich fehlt, arbeitet ins Blaue hinein. So kann es durchaus sein, daß sich bei wiederholten Volldüngergaben im Laufe der Jahre ein Hauptnährstoff anreichert, während ein anderer in viel zu geringem Maße vorhanden ist.
Zahlreiche Bodenuntersuchungen der allerletzten Zeit haben gezeigt, daß nur wenige Gartenböden mit Nährstoffen unterversorgt sind, die meisten aber übermäßig hohe Phosphat- und Kaliwerte aufweisen. Kali und vor allem Phosphat werden im Boden festgehalten und reichern sich allmählich an, während überschüssiger Stickstoff ins Grundwasser ausgewaschen und dort zur gefürchteten Nitratanreicherung führen kann. Diese alarmierenden Ergebnisse sind vor allem darauf zurückzuführen, daß viele Gartenbesitzer in den zurückliegenden Jahren mit Volldüngern gearbeitet haben, ohne daß durch eine Bodenuntersuchung der tatsächliche Bedarf festgestellt wurde. Es gilt also umzudenken und in Zukunft nur noch gezielt zu düngen. Nur dadurch kann die Gesundheit des Bodens erhalten und seine Fruchtbarkeit gesichert werden.
Wir sollten die vergleichsweise geringen Kosten einer Bodenuntersuchung nicht scheuen und alle 3–4 Jahre eine Probe zur Untersuchung einsenden. Bodenuntersuchungsstellen sind über das ganze Bundesgebiet verstreut. Sie verfügen über moderne Meßgeräte und können damit die für unsere Zwecke meist ausreichende Standarduntersuchung auf Kalkzustand bzw. Kalkbedarf, auf Gehalt an Phosphat und Kali vornehmen. Eine Düngeberatung, die der Nährstoffanalyse beigefügt wird, gibt Auskunft, ob eine Düngung nötig ist, mit welchen Nährstoffen und in welcher Höhe. Eine Untersuchung auf Magnesium erfolgt nicht. Erfahrungsgemäß ist dieser Nährstoff ausreichend vorhanden, vor allem, wenn wir jährlich Kompost geben.
Zuverlässige Untersuchungsergebnisse bekommt man aber nur, wenn die Probenentnahme richtig durchgeführt wird. Vor allem muß es sich bei der Probe, die an eine Untersu-

So nimmt man eine Bodenprobe: Von mehreren, möglichst gleichmäßig im Garten verteilten Stellen aus 0–20 cm Tiefe entnehmen, ...

... die gesammelten Proben im Eimer durchschütteln oder auf einem sauberen Untergrund (Terrasse) gründlich mischen ...

... und 500 g in einem stabilen Beutel zur Feststellung des Phosphat-, Kali- und Kalkgehaltes an die Untersuchungsstelle schicken.

chungsanstalt eingeschickt wird, um eine Mischprobe handeln. Würde man die Probe nur von einer Stelle entnehmen, könnte dies infolge von Zufallswerten zu einem abweichenden Ergebnis führen.

Bei der Probeentnahme ist deshalb auf folgendes zu achten:

- Entnahme am besten im Herbst nach dem Abernten der Beete oder vor einer Neubestellung im Frühjahr, auf keinen Fall unmittelbar nach einer Düngung, auch nicht nach einer Stallmistgabe. Der Boden darf nicht schmieren.
- Von jeder Kulturfläche (Obst, Gemüse, Blumen) entnimmt man an jeweils 10–15 möglichst gleichmäßig verteilten Stellen eine Einzelprobe. Randstreifen oder andere abweichende Stellen bleiben ausgespart.
- Im allgemeinen genügt eine Untersuchung der Krume (Mutterboden), d. h. die Bodenentnahme erfolgt bis zu etwa 20 cm Tiefe. Ist eine Untersuchung des Unterbodens ebenfalls von Interesse (Obst, Spargel), so wird eine gesonderte Probe aus dem Untergrund, also aus einer Tiefe von 20–40 cm entnommen, wobei die Proben von Krume und Untergrund getrennt zu halten sind.
- Am besten entnimmt man die Probe mit dem Spaten, indem von einem spatentiefen Loch eine 3–5 cm starke Wand senkrecht abgestochen wird. Von dieser gibt man nur einen etwa 5 cm breiten Längsstreifen in einen Eimer, damit alle von der gleichen Fläche entnommenen Proben im Eimer Platz haben. Außerdem ist das anschließende Mischen leichter.
- Als nächstes wird der gesammelte Boden im Eimer oder auf einer sauberen befestigten Flä-

che (Terrasse) durch Umschaufeln gründlich gemischt. Wurden Proben aus verschiedenen Gartenflächen (Gemüsegarten, Obstgarten, Blumenbeete) entnommen, so müssen diese weiterhin getrennt bleiben.

- Abschließend werden von der Mischprobe etwa 500 g in einen nicht benutzten Plastikbeutel gefüllt und fest verschlossen. Auf keinen Fall darf zum Einfüllen und Versand eine Papiertüte verwendet werden. Auf einem in die Probe eingelegten Zettel muß die Anschrift des Gartenbesitzers und die Nutzung der Fläche (z. B. Gemüse, Obst, Rasen) angegeben werden. Wurde bei Obst auch vom Unterboden eine Mischprobe entnommen, so kommt diese in einen eigenen Beutel und wird mit »Unterboden (20–40 cm)« bezeichnet. Sobald die Beutel sorgfältig verpackt sind, werden sie an das nächstgelegene Untersuchungsinstitut verschickt.
- Wenn in einem Obst- und Gartenbauverein, Siedler- oder Kleingärtnerverein eine größere Zahl von Mitgliedern an einer Bodenuntersuchung interessiert ist, empfiehlt es sich, die säuberlich verpackten und gekennzeichneten Proben einzusammeln und in einem Fahrzeug an die nächstgelegene Untersuchungsstelle zu bringen. Auf diese Weise werden das lästige versandfertige Verpacken, die Aufgabe am Postschalter und das Porto eingespart.

Aufgrund des Ergebnisses können wir dann gezielt düngen. Nach derzeitigen Erkenntnissen kann man mit einer durchschnittlich hohen Ernte – keine Spitzenerträge – von biologisch hochwertigem Obst und Gemüse rechnen, wenn der Boden folgende Werte enthält:
Phosphat 15–25 mg, Kali 15–25 mg, Magnesium 10–15 mg, immer bezogen auf 100 g Boden. Der Kalkgehalt, der bei einer Standarduntersuchung ebenfalls festgestellt wird, sollte zwischen pH 6–7 liegen, also im leicht sauren bis neutralem Bereich. Dieser sagt den meisten Pflanzen, von einigen Spezialkulturen wie Rhododendren u. ä. abgesehen, am besten zu.

Der für das Pflanzenwachstum sehr wichtige Stickstoff (N) wird bei der Standarduntersuchung nicht ermittelt, da die Werte je nach Witterung und Pflanzenwachstum sehr hohen und raschen Schwankungen unterliegen. Im Gegensatz zu Phosphor und Kali wird Stickstoff im Boden nicht gespeichert und vom Regen oder beim Gießen leicht in tiefere Bodenschichten bzw. in das Grundwasser eingewaschen. Er sollte deshalb nur dann zur Verfügung stehen, wenn ihn die Pflanzen auch aufnehmen und er nicht verlorengeht bzw. sich nachteilig auswirkt.

Dies ist der Grund, warum wir bei Gemüse und Blumen nie die gesamte benötigte Düngermenge auf einmal geben, sondern immer in kleine Gaben unterteilen. Bei Stickstoff sollten nie mehr als 20 g/m^2 auf einmal verabreicht werden. Jährliche Volldüngergaben, und zwar ganz gleich, ob es sich dabei um mineralische oder organische Volldünger gehandelt hat, haben in zahlreichen Gärten zu einer Überversorgung mit Phosphor und Kali geführt. Wurde dies bei einer Bodenuntersuchung festgestellt, so sollte auf keinen Fall weiterhin Volldünger, der alle wichtigen Nährstoffe enthält, ausgebracht werden. Es genügt dann, wenn ausschließlich mit Stickstoff gedüngt wird. Dabei ist zu berücksichtigen, daß ein Eimer (10 Liter) grobflockige Komposterde an die 10–20 g Stickstoff enthält. Schwachzehrende Gemüsearten wie Radieschen, Erbsen, Feldsalat brauchen daher nicht zusätzlich mit Stickstoff versorgt zu werden, wenn wir auf das Beet eine Kompostgabe ausgebracht haben. Klarheit über diese Zusammenhänge schafft nur eine Bodenuntersuchung. Sie ermöglicht eine auf die Pflanzen abgestimmte Nährstoffversorgung, verhindert eine schädliche Überversorgung und erspart unnötige Geldausgaben. Vor allem aber geben uns die Ergebnisse einer solchen Untersuchung die Möglichkeit für umweltgerechtes Gärtnern.

Unkrautbekämpfung vor Winterbeginn

Zum großen Aufräumen im Herbst gehört auch diese für viele lästige Arbeit. Geben wir uns also einen Ruck, dann macht der Start im Frühjahr mehr Spaß.
Was den Gemüsegarten angeht, wird ohnehin umgegraben oder gelockert. Das Unkraut braucht also nur auf den noch bestellten Beeten entfernt zu werden, also zwischen Feldsalat, Spinat, Frühlingszwiebel und Wintersalat. Vor allem die Vogelmiere, auch als Hühnerdarm bekannt, ist in diesen Kulturen zu finden. Dieses weit verbreitete Gartenunkraut wächst, blüht und fruchtet den ganzen Winter über an schneefreien Tagen, sobald die Temperatur nur geringfügig über dem Gefrierpunkt liegt. Wenn wir nichts dagegen tun, bleiben die Feldsalatpflänzchen klein, und bis zum Frühjahr ist oft das ganze Beet überwuchert. Auch die Fugen zwischen den Gartenplatten werden vor Winterbeginn gesäubert. Mit dem Plattenfugenreiniger, ein kleines, handliches Gerät, geht dies rasch voran. Und ebenso hacken wir Unkräuter auf Trittwegen zwischen Gemüsebeeten ab bzw. stechen sie unter Beerensträuchern und zwischen Stauden mit der Grabgabel heraus.
Vor allem sollten wir dabei auf das Vielstengelige Schaumkraut *(Cardamine hirsuta)* achten, ein »modernes« Gartenunkraut, das vor einem

Feldsalat vor Winterbeginn ausgrasen.

Jahrzehnt noch kaum jemand kannte. Wegen seiner unglaublichen Vitalität ist diese eng mit dem Wiesenschaumkraut verwandte Pflanze inzwischen zu einem der übelsten Gartenunkräuter geworden. Es wird meist nur 10–15 cm hoch und liegt mit einer Blattrosette flach auf dem Boden auf. Weil es geradezu niedlich aussieht, wird es häufig übersehen. Kaum sind aber die Pflänzchen da, wachsen auch schon die Stengel mit zierlichen weißen Blüten, aus denen bald Schoten mit ungezählten Samen entstehen.
Im Gemüsegarten kann man diesem Übel gerade noch Herr werden. Schwierig ist dagegen die restlose Bekämpfung in ausdauernden Kulturen, also zwischen Stauden und ganz besonders im Steingarten. Selbst die engste Plattenfuge genügt als Lebensraum. Weil dieses Unkraut an milden Tagen auch den Winter über weiterwächst, sollte man auch die winzigsten Pflänzchen rechtzeitig aus dem Boden ziehen. Am besten gleich in die Mülltonne mit diesem Teufelszeug!

Nachdem am Ende des Gartenjahres viele Unkräuter anfallen, die blühen oder bereits Samen angesetzt haben, bringen wir diese nicht auf den »normalen« Komposthaufen, sondern legen einen eigenen kleinen Haufen an, wobei jede etwa 20 cm hohe Schicht mit 100 g/m^2 Perl-Kalkstickstoff überstreut wird. Bei der Umsetzung dieses Düngers werden keimende Samen abgetötet. Trotzdem sollte die bei der Verrottung entstehende Erde nicht bereits im nächsten Jahr auf die Beete kommen. Es ist besser, den Unkraut-Komposthaufen die nächsten zwei Jahre mit Zucchini zu bepflanzen und die ähnlich einem dichten Rasen keimenden Unkräuter mit dem Handgrubber mehrmals den Sommer über zu lockern, so daß sie rasch vertrocknen. Wird dann der Haufen vor und nach dem Bepflanzen zusätzlich umgegraben, kommen immer neue Unkrautsamen nach oben, keimen aus und lassen sich leicht bekämpfen. In ein paar Jahren ist die so gewonnene Komposterde zwar immer noch nicht frei von Unkräutern, aber die Samen wurden doch wesentlich verringert. Wenn wir dann diese »Spezialerde« nur unter Spindelbüschen oder Beerensträuchern ausbringen, lassen sich die auftretenden Unkräuter rasch und einfach bekämpfen. Außerdem mulchen wir bei diesen Kulturen, so daß die auflaufenden Unkrautsamen nur geringe Überlebenschancen haben.

Bodenbearbeitung vor Winterbeginn

Das herbstliche Umgraben gehörte bisher zum gärtnerischen Jahresrhythmus. Der Garten sah nach getaner Arbeit sauber aus, vor allem wenn die groben Schollen noch zusätzlich mit Kalk überpudert waren. Bio-Gärtner vertreten eine andere Ansicht: Die besonders lebendige, fruchtbare obere Bodenschicht soll auch nach der herbstlichen Bearbeitung oben bleiben. Schließlich wird nirgends in der Natur der Boden gewendet. Weder das Bakterienleben noch die für die Luftzufuhr wichtigen Kapillarröhren werden gestört. Anstelle eines Spatens nimmt der Bio-Gärtner den Sauzahn zur Hand und lockert lediglich die obere Bodenschicht, ohne sie zu wenden.

Wie des öfteren im Leben, so ist es auch hier: Man sollte sich nicht starr für das eine oder andere entscheiden, sondern je nach den Gegebenheiten, in unserem Fall also nach den Bodenverhältnissen. Ist der Boden schon lange in Kultur, ist er verhältnismäßig locker und wurde die oberste Schicht in zurückliegenden Jahren reichlich mit Kompost versorgt, so können wir uns die schwere Arbeit mit dem Spaten ersparen. Gelockert wird mit dem Sauzahn oder einem ähnlichen Gerät bzw. mit der Grabgabel. Dabei stechen wir in geringen Abständen in den Boden und bewegen die

Grobscholliges Umgraben.

Grabgabel etwas hin und her. Auf diese Weise entstehen kleine Risse und Spalten, in die ebenfalls der Frost einwirken und den Boden zusätzlich lockern kann.

Schweren, zähen Böden und solchen, wie sie meist bei neuangelegten Gärten anzutreffen sind, tut dagegen das grobschollige herbstliche Umgraben mit dem Spaten gut. So kann der Frost den Winter über auf das gegrabene Land einwirken und die Schollen sprengen: Der Boden wird lockerer, gleichzeitig werden Nährstoffe durch Frost aufgeschlossen und Verdichtungen, die zu Staunässe führen können, beseitigt. Das Unkraut, vor allem die auch den Winter über weiterwachsende Vogelmiere wird mit untergegraben, Insektenlarven werden durch Kälte vernichtet. Und was das »untergebutterte« Bakterienleben angeht, so haben Versuche gezeigt, daß sich dieses auch beim Umgraben des Bodens sehr schnell regeneriert.

Arbeiten am Kompostplatz

Wie man kompostieren kann, um ohne jede Hexerei rasch zu fruchtbarer, wohlriechender Komposterde zu kommen, ist in »Mein Hobby, der Garten« bzw. »Gartenarbeit richtig gemacht« ausführlich beschrieben. Hier nur kurz zu den wichtigsten Arbeiten im Spätherbst und Winter:
Bevor es richtig kalt wird und das Kompostmaterial gefriert, leeren wir den oder die Kompostbehälter aus und setzen den Inhalt zu einem klassisch geformten, also einen sich nach oben zu verjüngenden Komposthaufen auf. Die Garten- und Küchenabfälle, die wir im Laufe des Sommers und frühen Herbstes in den Behälter gegeben haben, sind inzwischen angerottet, haben also eine bereits bräunliche Färbung angenommen, so daß der freiliegende Haufen gut anzusehen ist.
Dadurch ist der Behälter zu Winterbeginn leer und die Hausfrau braucht den Eimer mit Küchenabfällen nur hineinzukippen. In einem solchen Behälter stören Bananen-, Zitronen- und Eierschalen, Kaffeefilter und ähnliche Abfälle nicht, sie verschwinden unsichtbar, während sie auf einem frei angelegten Haufen gerade im Winter weithin sichtbar wären und das ruhige Gartenbild stören würden.
Wer in einem größeren Garten ohne Kompostbehälter arbeitet, weil sich der Kompostplatz durch eine Hecke oder Sträucher gut abschirmen läßt, findet jetzt sicher Zeit, den Haufen umzusetzen. Dadurch erfolgt eine innige Durchmischung der verschiedenen angerotteten Abfälle und es kommt Luft in den Haufen. Wer allerdings beim Aufsetzen auf jede 20 cm hohe Schicht von Abfällen reichlich kleingeschnittene Zweige (Schnitt von Obstbäumen, Sträuchern, Hecken) aufgebracht hat,

Ein aufgeräumter Kompostplatz braucht auch im Winter nicht versteckt zu werden. Mit Schnee bedeckt sieht er geradezu hübsch aus.

Beim herbstlichen Abräumen des Gartens kommen alle Abfälle auf den Komposthaufen.

Stallmist wird ähnlich wie eine Torte in Schichten mit anderem Kompostmaterial aufgesetzt.

kann sich diese Arbeit ersparen. Das kompostierte Material kommt dann mit reichlich Sauerstoff in Berührung und kann rasch verrotten. Vorteilhaft ist es, wenn wir beim Aufsetzen von Garten- und Küchenabfällen auf jede 20 cm hohe Schicht etwa 3–4 Handvoll Horn-Knochen-Blutmehl oder die gleiche Menge an Kalkstickstoff (1,5 bis 2 kg/m^3) zugeben. Dadurch können die Mikroorganismen besonders aktiv werden und der fertige Kompost enthält reichlich Stickstoff, d. h. wir brauchen weniger zusätzlichen Stickstoffdünger in organischer oder mineralischer Form bei all den Kulturen geben, auf die wir Kompost ausbringen.

Ist bereits weitgehend verrotteter Kompost vorhanden, ganz gleich ob auf einem freiliegenden Haufen oder im Behälter, so werfen wir ihn durch ein grobmaschiges Wurfgitter. Teile, die nicht durch das Gitter fallen, werden einem neuen Komposthaufen beigegeben. Die dabei anfallende angenehm riechende, grobflockige Koposterde schichten wir dagegen zu einem Haufen auf, der mit schwarzer Folie überdeckt wird. So fällt er den Winter über kaum auf, und wir haben bei Winterausgang bzw. im zeitigen Frühjahr reichlich Kompost, der zwar erdfeucht, aber nicht naß ist. So läßt er sich gut auf Gemüseland, unter Beerensträuchern, Rosen, zwischen Stauden usw. verteilen. Dies sollte aber nicht bereits im Spätherbst geschehen, da sonst bis zum Beginn des Wachstums ein Teil des Stickstoffs ausgewaschen würde.

Nach all diesen Arbeiten wird der Kompostplatz aufgeräumt, damit auch er den Winter über einen gepflegten Eindruck macht. Wir wollen zwar keinen sterilen Staubsaugergarten, doch ebensowenig einen Kompostplatz, auf dem Kübel, Stangen, Blechteile, Plastikfolien und andere Materialien wild durcheinanderliegen.

Hügel- und Hochbeete haben sich bewährt

Besonders in einem kühlen, regenreichen Jahr zeigen sich die Vorteile von Hügel- oder Hochbeeten: Die Bodentemperatur liegt höher als bei einem normalen Beet, was sich auf die Entwicklung der Frühgemüse und der wärmeliebenden Gemüsearten im Sommer günstig auswirkt. Schließlich laufen in solch einem Spezialbeet die gleichen Verrottungsvorgänge ab wie in einem Komposthaufen; dabei entsteht Wärme. Ein weiterer Vorteil: Der gute Wasserabzug, es gibt keine Staunässe.
Allerdings, und das muß auch gesagt werden, die Anlage eines Hügel- oder Hochbeetes macht viel Arbeit, vor allem, wenn bei einem neu angelegten Garten das grobe Material für den Unterbau, also kleinere Äste und Zweige aus dem Wald oder von anderswo herbeigeholt werden müssen. Doch, erst einmal angelegt, läßt sich bei der laufenden Pflegearbeit einiges einsparen. Das herbstliche Umgraben entfällt, es genügt, den Boden vor Winterbeginn mit dem Krail oder Kultivator zu lockern. Außerdem bleiben Hügel- und Hochbeete 5–7 Jahre bestehen. Erst dann ist eine Erneuerung fällig.
Übrigens, vorteilhaft ist ein Hügelbeet vor allem in einem schmalen Reihenhaus- oder in anderen kleinen Gärten: Durch den Hügel wird die Pflanzfläche, die sich für Mischkulturen geradezu anbietet, vergrößert. Es kann also mehr geerntet werden. In einem meist schmalen, handtuchartigen Reihenhausgarten können die Proportionen verbessert werden, wenn wir den Hügel im hinteren Gartendrittel querlegen.
Nur zu klein sollte so ein Hügelbeet nicht sein, sonst ähnelt es einem Maulwurfhaufen. Wir wollen ja aus dem Garten nicht nur ernten, er sollte auch schön sein.
Ein Hochbeet ist vor allem für ältere Gartenfreunde interessant, die sich mit dem Bücken schwer tun. Selbst Rollstuhlfahrer können sich hier betätigen, wenn das Hochbeet von einem Plattenbelag umgeben ist.

Hügelbeet

Spätherbst und Winter sind die besten Jahreszeiten für die Anlage eines Hügelbeetes, denn beim herbstlichen Abräumen der Stauden- und Gemüsebeete sowie beim winterlichen Schnitt von Obstbäumen und Sträuchern fällt genügend grobes Material an.
Das Hügelbeet kann beliebig lang sein, jedoch möglichst nicht unter 4–5 m und bis zu 1,50 m breit; ein kleinerer Hügel wirkt verspielt und trocknet außerdem zu leicht aus.
Nachdem das künftige Hügelbeet – es sollte in Nord-Süd-Richtung verlaufen – an sonniger Stelle abgesteckt ist, wird der Boden bis auf 25 cm Tiefe, also etwa spatentief, ausgehoben und seitlich gelagert.

Als unterste Schicht werden grobe, schwer verrottbare Gartenabfälle eingebracht. Gut eignen sich kleinere Äste und Zweige, wie sie beim Obstbaumschnitt anfallen, Tomaten- und Sonnenblumenstengel, verholzte Staudenteile u. a., die man auf 30–40 cm Länge zerkleinert. Dieses Material schichten wir zu einem etwa 40 cm hohen Hügel auf und überstreuen es mit Kalkstickstoff, 100 g/m², also etwa 2 Handvoll.

Darauf folgt eine 20 cm hohe Schicht aus Rasensoden, die mit den Wurzeln nach oben aufgebracht werden. Sind keine Grassoden vorhanden, verwenden wir ein Gemisch aus Grasschnitt, Stroh und gemischten Gartenabfällen.

Die nächste 30 cm starke Schicht besteht aus Laub oder Stroh. Damit sie besser verrottet, wird sie mit Spezial-Kalkstickstoff, 50 g/m², überstreut und gut angegossen. Es folgt eine 15 cm hohe Schicht aus Grobkompost, also kompostierte Pflanzenabfälle, die noch nicht völlig verrottet sind. Wurde nicht bereits beim Aufsetzen des Komposthaufens ausreichend organischer Dünger wie Hornoska, Oscorna, Engelharts Gartendünger u. a. zugesetzt, geben wir jetzt 50 g/m², also eine gute Handvoll dazu. Schließlich bringen wir die zuvor ausgehobene Gartenerde etwa 15 cm hoch auf, und verbessern sie mit verrottetem Kompost. Damit ist das 80–90 cm hohe Hügelbeet fertig.

Ein Hügelbeet, ideal für Mischkulturen.

Wenn wir im Frühjahr die ersten Kulturen mit »wachsender« Folie oder Vlies abdecken, wird die Ernte weiter verfrüht. Den Sommer über eignet sich das Hügelbeet vor allem für wärmeliebende Kulturen wie Tomaten, Paprika, Gurken und Melonen. Wobei die Tomaten auf den Kamm des Hügels gepflanzt werden, die niedrigeren Kulturen mehr nach unten zu. Auch Zucchini würden besonders gut wachsen, doch für diese ohnehin recht wüchsige Pflanze ist der Platz auf dem Hügelbeet eigentlich zu schade, wir bringen sie besser auf den Komposthaufen. Den unteren Teil des Hügels bepflanzen wir mit Buschbohnen, verschiedenen Salaten und anderen Gemüsearten. Wie schon erwähnt, bietet sich das Hügelbeet für Mischkulturen geradezu an, also von jeder Gemüseart nur eine Reihe. Wenig geeignet ist der Erdhügel dagegen für Aussaaten, die leicht vertrocknen. Wer vor dem Auspflanzen der Tomaten entlang des Kammes eine Mulde formt, braucht weniger zu gießen, da sich hier das Regenwasser sammeln kann. Ein Riesel- oder Tropfschlauch in diese Mulde verlegt, spart ebenfalls Gießarbeit.

Das Hochbeet

Hierzu werden die Schichten ähnlich aufgesetzt wie beim Hügelbeet, nur sind die Gartenabfälle von einer festen Umrandung aus Rundhölzern umgeben. Auch die Himmelsrichtung spielt keine Rolle. Hinzu kommt, daß ein Hochbeet nicht innerhalb des Gemüsegartens stehen muß. Wenn der Platz sonnig ist, kann es sich ebensogut in der Rasenfläche befinden, aus gestalterischen Gründen natürlich nicht mittendrin, sondern mehr am Rand. Noch besser als ein Hügelbeet eignet sich ein Hochbeet, um einen langen, schmalen Reihenhausgarten optisch zu verkürzen. Wir stellen es im hinteren Drittel quer, so daß nur an einer Seite ein schmaler Durchgang bleibt. Vor dem Hochbeet könnte, getrennt durch einen Trittweg, ein Streifen mit Stauden und Sommerblumen bepflanzt werden, hinter dem Hochbeet würde sich die restliche kleine Gartenfläche als Kompostplatz anbieten. So ergäbe sich vom Terrassensitzplatz aus ein hübscher Anblick, wir hätten das Nützliche und Schöne miteinander verbunden.

Doch nun zur Anlage: Die Länge kann beliebig sein, doch sind auch hier wie beim Hügelbeet 5 m ein gutes Maß. Außen darf es nicht breiter als 1,40 m sein, damit wir alle anfallenden Arbeiten von beiden Seiten aus bequem erledigen können. Die Umrandung, bis zu 80 cm hoch, bauen wir aus Fichten- oder Föhrenrundhölzern mit einem Durchmesser von 8–10 cm. Die Rundhölzer können geschält oder mit Rinde verwendet werden. Als erstes wird der Boden bis auf 25 cm Tiefe ausgehoben und seitlich gelagert. Dann schlägt man an den Ecken, entlang der Längsseite auch in der Mitte, Holzpfosten ein und schichtet die langen Rundhölzer aufeinander, meist 6–7 Stück. Wenn Wühlmausgefahr besteht, werden Boden und Seitenwände mit feinmaschigem Drahtgeflecht ausgekleidet.

Ähnlich wie beim Hügelbeet wird auf den Boden eine erste 30 cm hohe Schicht aus grobem, verholztem Material (Obstbaumschnitt usw.) aufgebracht und mit Spezial-Kalkstickstoff, 100 g/m², überstreut. Es folgt eine 20 cm starke Schicht aus kräftigen Pflanzenabfällen (verholzte Staudenteile, Kohlstrünke, zerkleinerte Tomaten- oder Sonnen-

Das Hochbeet ermöglicht bequemes Arbeiten.

blumenstengel u. a.), die mit Rasensoden – Wurzeln nach oben – abgedeckt wird.
Die nächste, etwa 25 cm hohe Schicht, sollte aus grobem, also noch nicht ganz verrotteten Kompost bestehen, eventuell gemischt mit Laub- oder Strohabfällen. Ist Stallmist vorhanden, so kann diese Schicht damit abgedeckt werden. Abschließend wird bis nahezu Oberkante Rundhölzer die anfangs ausgehobene Gartenerde aufgebracht, verbessert mit weitgehend verrottetem Kompost. Sobald sich die Erde im Hochbeet setzt, wird aufgefüllt. Wie beim Hügelbeet pflanzen wir auch hier den Sommer über in die Beetmitte bevorzugt Tomaten und Paprika. Vorzüglich wachsen Kulturen, die gegen Staunässe empfindlich sind, wie Petersilie, Möhren, Rettiche und alle Salatarten. Ebensogut wachsen Aussaaten von Radieschen, Eiszapfen u. a., denn die Samen können auch bei stärkeren Regenfällen nicht seitlich heruntergespült werden wie beim Hügelbeet. Alle Pflegearbeiten lassen sich aufrechtstehend oder nur leicht gebückt, also recht bequem erledigen. Nachdem die Erde beim Hochbeet auch seitlich austrocknet, bewährt sich den Sommer über ein längs der Beetmitte verlegter Tropf- oder Rieselschlauch. Deshalb das Hochbeet möglichst in der Nähe eines Wasserhahnes anlegen oder einen größeren Wasserbottich danebenstellen.

Frisches Gemüse den ganzen Winter lang

In der Miete und im Frühbeetkasten hält sich Gemüse lange frisch

Wohin mit der herbstlichen Gemüseernte? Für viele Gartenfreunde, die sich auch den Winter über mit Gemüse aus dem eigenen Garten versorgen wollen, ist dies ein Problem, sind doch die Keller in den meisten Häusern wegen der Zentralheizung zu trocken und zu warm. Ideal wäre der Keller eines Gartenhauses oder einer Gerätehütte – soweit vorhanden. Meist müssen wir uns aber anderweitig behelfen, und da erscheint die gute alte Erdmiete als die billigste und zugleich beste Lösung.

Für eine Erdmiete heben wir gegen Ende Oktober auf einem abgeernteten Beet den Boden etwa 80 bis 100 cm breit und 25–30 cm tief – also gut einen Spatenstich tief – aus. Die Länge richtet sich ganz nach dem Bedarf bzw. dem Erntegut, das eingelagert werden soll. Für einen durchschnittlichen Haushalt genügt meist eine Länge von 2–3 m.

Das unbeschädigte, gesunde Wintergemüse wird dann lagenweise in diese Grube gelegt, nachdem bei Möhren, Rettichen, Roten Rüben u. a. vorher das Laub abgeschnitten bzw. von Hand abgedreht wurde und bei Kohlarten die äußeren Um-

1 Bei Roten Rüben sollte zum Einlagern ein wenig von den Blattstielen verbleiben.

2 Nachdem die Erdgrube in ausreichender Größe ausgehoben ist, ...

3 ... wird das Gemüse schichtenweise eingelagert und mit Stroh und Erde abgedeckt.

4 Während des Winters kann an frostfreien Tagen der Bedarf für die nächsten Wochen entnommen werden. Im April wird dann die Miete ganz geräumt.

4

blätter entfernt sind. Bei den Roten Rüben sollte noch ein wenig von den Blattstielen verbleiben, damit die Rübe beim Kochen nicht auslaugt.
Vor dem Einlagern des Gemüses kann man auf den Boden etwas Sand, Stroh oder Reisig aufbringen. Ist Mäusefraß zu befürchten, so wird die Grube mit einem engmaschigen Drahtgeflecht ausgelegt. Als praktisch erweist es sich später, wenn man die Gemüsearten lagenweise in die Miete einbringt, also z. B. zuunterst die verschiedenen Kohlarten wie Weiß-, Rotkohl und Wirsing, dann eine Lage Möhren, Sellerie, Rettiche usw. Warum, werden wir noch sehen.

Befindet sich alles Gemüse in der Miete, wird mit Stroh abgedeckt, das man sich kurzgeschnitten und zu Ballen gepreßt bei einem Bauern besorgen kann. Notfalls können wir auch mit trockenem Bohnen-, Erbsen- oder Tomatenlaub abdecken. Sobald der Winter mit Kälte einsetzt, wird der seitlich gelagerte Erdaushub auf das Stroh aufgebracht, etwa handhoch. Bei Barfrost, also anhaltender schneeloser Kälte, sollte man die Abdeckung mit Stroh oder Erde verstärken.
Auf diese simple Weise eingewintert, bleibt das Gemüse bis in den April hinein frisch. Man ist immer wieder von neuem erstaunt, in welch tadellosem Zustand es nach so vielen Monaten anzutreffen ist.
Zum Entnehmen während der Wintermonate warten wir frostfreie Tage ab, wie es sie auch während eines strengen Winters immer wieder einmal gibt. Wir öffnen dann die Miete und nehmen den Bedarf für die nächsten Wochen heraus. Nachdem das Gemüse schichtenweise eingelagert wurde, können wir jetzt bequem von jeder Gemüseart etwas herausnehmen.
Den Bedarf für die nächsten Wochen bringen wir in einer Kiste oder Korb im Keller oder einem anderen kühlen Raum unter. So haben wir den Winter über frisches Gemüse. Selbstverständlich wird die Miete nach jeder Entnahme wieder geschlossen. Spätestens im April wird sie ganz geräumt, denn zu diesem

Zeitpunkt beginnt das eingelagerte Gemüse allmählich auszutreiben.

Auch ein tief ausgehobener Frühbeetkasten eignet sich vorzüglich zum Einlagern von Spätgemüse. Nachdem die Erde weitgehend ausgeschaufelt ist, wird das Gemüse in der restlichen Erde eingeschlagen. Anschließend rollt man über die Fenster eine Strohmatte und deckt zusätzlich mit Brettern bzw. Noppenfolie ab. Sollte es sehr kalt werden, kommt auf die Abdeckung noch Stroh oder eine Laubschüttung, womit auch die Kastenwände ummantelt werden. Als Schutz vor Regen wird eine Folie aufgelegt und gegen Wind gesichert. Ebenso wie aus der Miete kann der Gemüsebedarf für einige Wochen bei frostfreier Witterung entnommen werden.
Wenn im Frühbeetkasten lediglich Endivie und Zuckerhut bis zum Jahresende eingeschlagen werden sollen, wird der Boden nicht ausgehoben. Diese Salatarten würden in einem zu tiefen Kasten leicht faulen. Sehr wichtig: An sonnigen, frostfreien Tagen reichlich lüften, ganz gleich welche Gemüsearten eingelagert sind!

Sellerie, Möhren, Rote Rüben und Kohlarten in einem Frühbeetkasten eingewintert.

Einwintern von Schwarzwurzeln und Meerrettich

Schwarzwurzeln sind völlig winterhart und können bis zum Frühjahr auf dem Beet verbleiben, vorausgesetzt, daß nicht mit Mäusen zu rechnen ist. Um auch im Winter ernten zu können, müssen wir das Beet dick mit Laub oder Stroh abdecken. Nachdem es sich bei diesem delikaten Gemüse meist nur um kleine Mengen handelt, kann man aber ebensogut im Herbst ernten. Wir warten damit, bis die Blätter abzusterben beginnen. Da die bis zu 30 cm langen Wurzeln wie Glas brechen, soll möglichst sorgfältig geerntet werden. Am besten gelingt dies, wenn man entlang der äußeren Reihe mit dem Spaten einen genügend tiefen Graben aushebt, da sich dann die erste Reihe mit dem Spaten oder einer Grabgabel gut

1 Bei Schwarzwurzeln heben wir erst entlang der äußeren Reihe einen Graben aus.

2 Dadurch lassen sich die langen Wurzeln weitgehend unbeschädigt ernten.

3 Mit leicht feuchtem Torf schichtenweise in eine Kiste eingelagert, die in den Keller gestellt wird, bleiben die Schwarzwurzeln frisch.

3

herausnehmen läßt. Freilich, trotz vorsichtiger Arbeit läßt es sich nicht ganz vermeiden, daß einige Wurzeln abbrechen. Doch auch diese können ohne Nachteil eingelagert werden, da der austretende Milchsaft rasch einen einwandfreien Wundverschluß bildet.

Zum Schluß noch eine Lagerungsmethode, die bei kleineren Mengen besonders günstig ist. Sie hat sich bewährt, weil man die Schwarzwurzeln den Winter über jederzeit griffbereit hat und sie bis zum Frühjahr hin frisch bleiben: Eine Obstkiste wird mit Folie ausgeschlagen, in die man die Schwarzwurzeln schichtenweise mit leicht feuchtem Torf einlegt. Wir geben auf den Boden eine

3–5 cm starke Torfschicht, dann folgt eine Lage Schwarzwurzeln, Torfschicht usw. Über der obersten Lage wird die Folie zusammengeschlagen und die Kiste in den Keller oder in eine unbeheizte Garage gestellt. Aus dieser Kiste kann dann während des Winters der jeweilige Bedarf schnell und bequem entnommen werden.

Noch einfacher können wir uns den Winterbedarf bei Meerrettich sichern. Diese Gemüseart wird am besten an eine etwas abgelegene Gartenecke verbannt; so wertvoll sie auch ist, sie wuchert. Die Kultur ist denkbar einfach, denn ohne unser Zutun können wir jeden Herbst von einer solchen Ecke reichlich starke Meerrettichwurzeln ernten. Sie sind zwar nicht lang und gerade, wie die am Markt angebotenen, doch dies macht nichts, die innere Qualität ist die gleiche.
Wie bei Schwarzwurzeln gibt es auch hier verschiedene Möglichkeiten, um während der kalten Wintermonate an den Meerrettich heranzukommen. Zu dieser Zeit ist er besonders begehrt: Rindfleisch mit Meerrettich und Salzkartoffeln! Nachdem die Wurzeln der Kälte standhalten, brauchen wir nur die Meerrettichecke mit einer dicken Laub- oder Strohschicht zu bedekken, um auch bei starkem Frost die Wurzeln ausgraben zu können. Mehr Zeit benötigt man bei viel Schnee.

Meerrettichstangen werden nach der Ernte in einen Eimer gestellt, ...

... mit Erde überdeckt und in einen kühlen Raum gestellt.

Es ist deshalb besser, bereits im Spätherbst die ganze Meerrettichecke zu »roden«. Eine Grabgabel wie bei den sonstigen Wurzelgemüsen genügt dazu allerdings nicht, man muß schon den Pickel zu Hilfe nehmen. Wenn wir alle Wurzeln aus dem Boden haben, werden die kräftigen, etwa ab Fingerstärke, aussortiert und die dünnen Wurzeln gleich wieder ins Erdreich zurückgegeben. Sie treiben im Frühjahr aus und entwickeln sich bis zum nächsten Herbst.

Die starken Wurzeln gibt man zusammen mit etwas feuchter Erde in einen Eimer oder eine Kiste, kreuz und quer, so wie wir sie vom Boden aufheben. Abschließend werden die Wurzeln mit Erde abgedeckt, damit sie nicht austrocknen. In einen kühlen Raum gestellt kann jederzeit der Bedarf aus dem Eimer entnommen werden.

Gemüseernte trotz Eis und Schnee

Die Endivie ist ein beliebter Herbstsalat, der Fröste bis −5 °C verträgt. Nach einer kalten Nacht sehen die Blätter zwar glasig aus, doch sie erholen sich rasch wieder. Selbst wenn es dann im November kälter wird, können wir noch viele Wochen hindurch Endivie ernten, vorausgesetzt ein Frühbeetkasten ist vorhanden.

Wir nehmen die Pflanzen mit der Grabgabel vorsichtig aus dem Boden – der Wurzelballen soll möglichst unbeschädigt bleiben – und

In einen Frühbeetkasten eingeschlagen, hält sich Endivie meist bis Weihnachten.

schlagen sie in einem genügend tiefen Frühbeetkasten in vorher gut angefeuchtete Erde ein. Auf keinen Fall dürfen die Pflanzen nachträglich gegossen werden, da sie sonst rasch faulen würden. Sollte nach einigen Wochen ein Gießen nötig werden, dann bitte vorsichtig, immer so, daß nur die Erde zwischen den Pflanzen, aber nicht die Blätter naß werden.

In kalten Nächten werden die Fenster geschlossen und wenn es noch kälter werden sollte, deckt man den Frühbeetkasten zusätzlich mit einer Strohmatte, Luftpolsterfolie (Noppenfolie) oder mit Brettern ab. Bei milder Witterung wird dagegen reichlich gelüftet. Vor Regen und zu tiefen Temperaturen geschützt, können wir vielfach bis Weihnachten frischen Endiviesalat aus dem Frühbeetkasten ernten.

Zuckerhut ist recht kältefest und kann in vielen Gegenden im Freien überwintern.

Selbst wenn die äußeren Blätter durch Frost beschädigt sind, bleibt das Herz frischgrün.

Die Zichorie 'Zuckerhut' ist eine wertvolle Salatart mit »Biß«, die bereits in der 2. Junihälfte ausgesät werden muß. Wertvoll ist der Zuckerhut vor allem auch deshalb, weil er bis etwa –10 °C aushält; wenn er von Schnee umgeben ist, darf es sogar noch kälter sein. Er kann in halbwegs normalen Wintern durchaus im Freien verbleiben, denn bis es extrem kalt wird, ist er meist verbraucht. Lediglich die äußeren Blätter sind nach Kälteperioden nicht mehr verwertbar, das Herz aber ist frischgrün.
Man kann die Pflanzen aber auch gegen Mitte November mit Wurzelballen ausgraben, die äußeren Blätter teilweise entfernen und die wie Zuckerhüte aussehenden Salatköpfe im Keller oder in der Garage in feuchten Sand oder Erde einschlagen. Ebenso können wir die Pflanzen in einem tiefen Frühbeetkasten einschlagen, wo sie vor Nässe geschützt sind. So hält sich der Zuckerhut bis in das Frühjahr hinein frisch. Ohne Wurzeln lassen sich die Köpfe in einem kühlen, nicht zu trockenem Raum bis weit in den Dezember hinein lagern.

Feldsalat – der klassische Salat für die Wintermonate, der in keinem Garten fehlen sollte! Er wächst nicht nur problemlos in jeder Gartenecke, er ist zudem sehr gesund. So enthält er beispielsweise fast fünfmal soviel Vitamin A und dreimal soviel Vitamin C wie Kopfsalat. Im Eisengehalt liegt er sogar an der Spitze aller Salatarten.
Wichtig ist, daß Feldsalat im August dünn gesät wird, damit die Pflanzen groß werden und nicht zuviel Ernte- und Putzarbeit anfällt: 2 g/m^2 Saatgut genügen.
Doch, wer will, kann sogar auf das Aussäen verzichten. Beim Feldsalat gilt das Wort der Schrift »Sie säen nicht und ernten trotzdem«. Wir brauchen nur im April, wenn der Feldsalat in Blüte geht, ein paar Pflanzen stehen lassen, die sich

Feldsalat im Abstand von 10 × 10 cm in einen Frühbeetkasten pikiert ...

... wächst zu großen Pflanzen heran und kann auch bei Schnee geerntet werden.

dann von selbst aussamen. Auf einem Tomatenbeet z. B. gehen im August/September dicht an dicht die kleinen Feldsalatpflänzchen auf und bedecken bald den Boden. Wenn dann nach den ersten Frösten die Tomatenernte zu Ende ist, reißen wir die abgestorbenen Pflanzen nicht mitsamt den Wurzeln heraus, sondern schneiden die kräftigen Tomatenstengel dicht über dem Boden ab, so daß der Feldsalat nicht gestört wird. Und nachdem Tomaten auf dem sonnigsten Beet angebaut werden, wächst der Feldsalat in den Herbsttagen kräftig weiter und kann an dieser kleinklimatisch günstigen Stelle an vielen Wintertagen geerntet werden.
Eine Ernte fast während des ganzen Winters ist auch möglich, wenn wir Feldsalat auf einem sonnigen Beet entlang der Südseite des Hauses ansäen bzw. aussamen lassen. Laub, das von Obstbäumen oder anderen Gehölzen auf dieses Beet getrieben wird, darf durchaus liegenbleiben, natürlich nicht zu dicht, so daß die Feldsalatpflanzen noch ein wenig zwischen den trockenen Blättern herausschauen. Dies ergibt einen guten Schutz, so daß der Boden meist nur kurzzeitig gefroren ist.
Schließlich noch eine ebenso einfache wie raffinierte Möglichkeit, um beinahe den ganzen Winter über Prachtexemplare von Feldsalat ernten zu können: wir pikieren. Überall dort, wo Feldsalat zu dicht aufgegangen ist, nehmen wir im Oktober einen Teil der kleinen Pflänzchen aus dem Boden. Normal würde man das Zuviel auf den Komposthaufen bringen. Doch welcher Gärtner bringt es über's Herz, irgendein Pflänzchen wegzuwerfen?
Also pikieren wir die kleinen Pflanzen in einen von Gurken oder Paprika geräumten Frühbeetkasten. Abstand: 10 × 10 cm. Nach dem Angießen bleiben die Fenster erst einmal ein paar Tage geschlossen, werden aber bei Sonne möglichst

schattiert. Sobald man sieht, daß die kleinen Feldsalatpflanzen Fuß gefaßt haben und zu wachsen beginnen, wird reichlich gelüftet. Ab Weihnachten bis zum Frühjahr kann geerntet werden, was geradezu Spaß macht, denn inzwischen haben die Pflanzen den Boden völlig bedeckt, also den Standraum von 10 × 10 cm ausgefüllt.

Radicchio, ein weiterer pikanter Salat aus der Familie der Zichoriengewächse. Der Geschmack ist ähnlich wie beim Zuckerhut, pikant-bitterlich, und dadurch appetitanregend. Wenn diese Salatart ab Mitte Juli bis Anfang August in Reihen auf ein Gartenbeet gesät wird, sollte man wissen, daß nur die Sorte 'Roter von Verona' winterhart ist, während sich andere nur für die Herbsternte eignen.
Bei 'Roter von Verona' schneiden wir im Herbst die langen grünen Blätter etwa 5 cm über dem Boden ab, sofern sie nicht von selbst absterben. Anschließend wird leichter Winterschutz aufgebracht, also das Beet locker mit Fichtenzweigen abgedeckt, da die Wurzeln im Boden verbleiben. Im zeitigen Frühjahr bilden sich dunkelrote Köpfchen, die einen vitaminreichen Salat ergeben.

1 Chicorée erst auf einen Haufen legen, ...

2 ... dann das Laub abschneiden, die Wurzeln in einen Eimer stellen und in einen mäßig warmen Raum bringen.

3 Nach 5–6 Wochen ernten.

Chicorée sollte gegen Mitte Mai auf ein Gartenbeet gesät werden, dann kann im Spätherbst der 2. Teil der Kultur beginnen. Ab Ende Oktober bis Mitte November werden die Rüben mit der Grabgabel geerntet, wobei es nicht schadet, wenn bei der Ernte die Spitzen der Rüben abbrechen und im Boden verbleiben. Wir legen die Rüben samt Laub auf einen Haufen, der bei Nachtfrostgefahr abgedeckt wird. Sie treiben dann besonders gut aus. Nach etwa einer Woche schneidet man die Blätter etwa daumenstark über den Rüben ab und stellt diese dicht an dicht in einen etwa 40 cm hohen Behälter. Gut eignen sich Plastik- oder Blecheimer, aber auch Holzkisten und ähnliches, in die erst einmal handbreit Erde eingefüllt wird. Damit das Wasser abziehen kann, müssen die Behälter am Boden einige Abzugslöcher haben. Ist der Behälter mit Rüben gefüllt, streuen wir etwa 3 cm hoch Erde darüber und schwemmen mit reichlich Wasser ein, so daß die Erde zwischen die Rübenwurzeln gelangt. Schließlich werden die Rüben mit einer etwa 20 cm hohen Erdschicht abgedeckt. Torf oder Sand eignen sich jedoch nicht; sie sind zu feinkörnig und würden beim Austrieb zwischen die Chicoréeblätter gelangen. Wenn wir nun die Kübel in einen dunklen Raum mit 12–18 °C stellen, können nach 5–6 Wochen die pikanten goldgelben Chicorée-Zapfen geerntet werden. Besonders gut eignet sich hierfür der Heizungskeller. Damit nicht zuviel Chicorée auf einmal anfällt, stellen wir erst nur einen Eimer warm, während die restlichen vorerst in einem kühlen, aber frostfreien Raum (Garage, Geräteschuppen, Keller) untergebracht werden.

Es ist auch möglich, Chicorée ohne Deckerde zu treiben. Neuerdings werden hierfür geeignete Sorten angeboten, die sich aber ebensogut für die Treiberei mit Deckerde eignen: ‘Mitado’, ‘Zoom’ u. a. Am besten verwendet man zum Treiben genügend große schwarze Plastikeimer mit Abzugslöchern, auf deren Boden erst eine etwa drei Finger starke Erdschicht gegeben wird. Dies fördert die Haarwurzelbildung. Nach dem Einstellen der Rüben streuen wir daumenstark Erde darüber und schwemmen diese mit viel Wasser ein. Anschließend wird der Eimer mit einem ebensolchen oder schwarzer Folie abgedeckt und in den Heizungskeller gestellt. Bei Temperaturen um 18 °C kann nach 5–6 Wochen geerntet werden. Ist es kühler, dauert die Treiberei entsprechend länger. Bei Temperaturen über 20 °C liegen die Blätter sehr locker aufeinander, was sich aber auf Geschmack und Gewicht nicht nachteilig auswirkt. In einem sehr trockenen Raum müssen die Rüben gelegentlich Wasser bekommen, vor allem, wenn sie beim Einstellen in den Eimer ausgetrocknet waren. Es sollte aber nicht von oben ge-

gossen werden. Wir stellen den Kübel vielmehr in eine größere mit Wasser gefüllte Schüssel, damit sich die Wurzeln vollsaugen können. Dies gilt auch für die Treiberei mit Deckerde.
Chicorée ohne Deckerde läßt sich nach neueren Erfahrungen auch in Gefäßen ohne Wasserabzugslöcher (Eimer, hohes Kistchen, Müllbeutel) treiben: Wurzeln in Behälter stellen, etwas Torf zugeben, einschwemmen und weiterhin sehr feucht halten, warm und dunkel stellen. Ernte nach 5–6 Wochen.

Löwenzahn – auch hier wird die Treiberei ähnlich wie bei Chicorée vorgenommen. Nachdem die ziemlich dünnen und beinigen Wurzeln gegen Ende November geerntet sind, stellen wir sie möglichst dicht nebeneinander in schwarze Plastikeimer oder ähnliche Behälter. Sie dürfen niedriger sein als bei Chicorée – eine Höhe von 20 cm genügt –, da Löwenzahnwurzeln nicht so lang sind.
Damit ein Zuviel an Wasser abziehen kann, bringen wir am Boden einige Löcher an. Nach dem Einstellen der Wurzeln geben wir dazwischen und obenauf Erde und gießen kräftig an, so daß die Wurzeln in Erde eingebettet sind. Zum Bleichen der Austriebe wird am besten über den Behälter ein Gefäß gleicher Größe gestülpt oder mit schwarzer Folie abgedeckt. Wenn der Behälter in einen völlig dunklen

1 Auch bei Löwenzahn erntet man die Wurzeln im Oktober/November mit der Grabgabel, ...

2 ... Blätter abschneiden, Wurzeln dicht in genügend große Behälter bringen, dazwischen und obenauf Erde geben, so daß sie nach dem Angießen in Erde eingebettet sind, ...

3 ... Gefäß abdunkeln oder in einen dunklen, mäßig warmen Raum stellen. Nach etwa vier Wochen können die pikant schmeckenden gebleichten Blätter geerntet werden.

1

2

3

Kellerraum gebracht wird, erübrigt sich dies.
Besonders gut für die Treiberei eignet sich der Heizungskeller, wo bei Temperaturen von 15–18 °C bereits nach 4 Wochen geerntet werden kann. Ist der Keller kühler, so dauert dies länger, aber auch hier können die pikanten gelblich-weißen Löwenzahntriebe während des Winters geerntet werden. Sind noch Wurzeln vorhanden, können weitere Behälter gefüllt und diese vorübergehend in eine ungeheizte Garage oder in einen Schuppen gestellt werden. Frost schadet nicht.
Wer zarten, gebleichten Löwenzahn auch im zeitigen Frühjahr ernten will, beläßt einen Teil der Pflanzen auf dem Beet. Ab Mitte Februar stülpt man über jede Pflanze einen Blumentopf von etwa 12–13 cm oberem Durchmesser. An sonnigen Tagen erwärmen sich die Töpfe und der Löwenzahn beginnt zu treiben.
Eine andere Möglichkeit: Im März alte Löwenzahnblätter entfernen, Boden lockern und die Löwenzahnreihen etwa 20 cm hoch mit Erde anhäufeln. Auch in diesem Fall kann bald geerntet werden, wobei man die gebleichten Blätter dicht über der Wurzel abschneidet, damit der Blattschopf zusammenbleibt.
Die Aussaat von Löwenzahn erfolgt wie bei Chicorée bereits in der 2. Maihälfte. Empfehlenswert sind im Samenhandel angebotene Sorten mit geringem Bitterstoffgehalt wie 'Nouvelle', 'Lyonel' u.a.

Porree (Lauch) und Feldsalat im winterlichen Garten.

Schließlich noch einige Wintergemüse, die nicht zu den Salatarten zählen: Beim Porree sind auch sogenannte winterharte Sorten wie 'Winterriesen' oder 'Blaugrüner Winter' nicht absolut widerstandsfähig gegen strenge Kälte. Vor allem, wenn das Beet vollsonnig liegt und es ohne Schneedecke zu häufigem Auftauen und Wiedergefrieren kommt, treten Schäden auf.
Um dies zu vermeiden häufeln wir die Porreeschäfte möglichst hoch an. In schneereichen Gebieten nimmt man besser die Lauchstangen im Spätherbst aus dem Boden und schlägt sie dicht an der Nord- oder Ostseite des Hauses ein, d.h. wir heben einen kleinen Graben aus, stellen Pflanze an Pflanze mit dem weißen Wurzelwerk hinein und decken mit reichlich Erde zu. An solchen Stellen, vor allem unter einem Vordach, ist der Boden ver-

Damit Chinakohl im Herbst möglichst lange im Freien verbleiben kann, wird er mit einem Folientunnel gegen Frost geschützt.

hältnismäßig trocken, und es liegt weniger Schnee als im übrigen Garten; man kann die Porreestangen leicht aus dem Boden ziehen. Zusätzlich können wir noch ein paar Fichtenzweige darüberlegen. Ebensogut ist der Einschlag im tief ausgehobenen Frühbeet möglich.

Rosenkohl – dort wo es reichlich Schnee gibt, kommt er gut über den Winter. Dies gilt vor allem für Sorten, bei denen die Blätter über die Rosen hängen und diesen Schutz bieten, wie bei der altbekannten 'Hilds Ideal'.

In strengen Wintern und ungünstigen Lagen aber treten allzuleicht Schäden auf. In kalten Nächten gefrieren die Röschen und tauen bei Sonne wieder auf, sie werden weich und faulen. Wir nehmen deshalb die Pflanzen samt Blättern und Wurzeln aus dem Boden und schlagen sie an einer geschützten, schattigen Stelle ein. Am besten eignet sich die Nordseite des Wohn- oder Gartenhauses. Zusätzlich decken wir den Rosenkohl locker mit Fichtenzweigen ab. Es genügt, wenn dies bis Mitte Dezember geschieht; denn etwas Frost darf der Rosenkohl durchaus bekommen. Er schmeckt dann besser: Der Zuckergehalt steigt an und der etwas strenge Geschmack geht verloren.

Ebenso ist es möglich, gegen Mitte Dezember die ganzen Pflanzen aus dem Boden zu ziehen bzw. abzuhacken und die Röschen abzupflükken. In flachen Obststeigen gelagert, halten sich die Röschen etwa drei Wochen lang. Wer eine Gefriertruhe besitzt, kann sie eingefrieren.

Grünkohl ist ein typisches Wintergemüse, das besonders in Nord- und Westdeutschland sehr geschätzt wird. Inzwischen spricht es sich aber auch in anderen Gegenden herum, daß es sich bei Grünkohl nicht um »Kaninchenfutter« handelt, sondern um eine gesundheitlich besonders wertvolle Gemüseart. Dabei ist Grünkohl nicht nur ungewöhnlich frosthart, sondern er gewinnt sein volles Aroma erst unter Einwirkung des Frostes. Ein Einschlag oder Abdecken mit Fichtenzweigen ist also unnötig. Geerntet wird ab Dezember, die untersten Blätter zuerst, weil sie als erste gelb zu werden beginnen.

Winterarbeiten im Kleingewächshaus

Oktober

Im nicht heizbaren Gewächshaus können noch Feldsalat und Spinat ausgesät werden.
Gemüseeinschlag: Endivie und Zukkerhutsalat mit großem Wurzelballen aus Gemüsebeet nehmen und ins Gewächshaus pflanzen – bei Trockenheit vorsichtig gießen, so daß nur Boden, aber nicht Blätter naß werden – Zuckerhut hält sich zwar auch im Freien lange, jedoch besser im Glashaus, weil die Blätter den Winter über trocken bleiben.
Eventuell Stiefmütterchen auf die leere Fläche pflanzen, sie entwikkeln sich ab Oktober besser und blühen bereits im zeitigen Frühjahr.
Freilandchrysanthemen mitsamt Töpfen einsenken, wenn Gefahr besteht, daß sie im Freien vor stärkeren Frösten nicht mehr aufblühen.
Tulpen und Krokus in Töpfe oder Kistchen legen, im Glashaus einsenken, Laub darübergeben; ab Februar herausnehmen und im Zimmer antreiben.

November

Feldsalat und Spinat sind zwar frosthart, leiden aber unter Wassermangel, wenn es untertags im Glashaus warm ist, der Boden jedoch nach kalten Nächten gefroren bleibt. Vermehrt gilt dies für Zuckerhut, vor allem aber für Endivie, die nur bis −5 °C vertragen. Deshalb in Frostperioden die Kulturen gegen Sonneneinstrahlung mit Vlies abdecken, das ohne Nachteil mehrere Wochen auf den Pflanzen verbleiben kann.
Gewächshausboden in den Untergrund auswaschen, damit der Boden frei wird von nicht verbrauchten Düngesalzen und anderen schädlichen Stoffen. Um eine zu hohe Konzentration von Nährsalzen zu vermeiden, sollten wenig erfahrene Gartenfreunde im Gewächshaus bevorzugt organisch-mineralische Düngemittel verwenden, wie Hornoska-Spezial, Compo Original Peru Guano, Oscorna, Engelharts Gartendünger Stipka u. a.
Solange der Boden noch nicht gefroren ist, läßt er sich gut auswaschen. Am besten geschieht dies mit einer Schlauchbrause, weil größere Wassermengen benötigt werden, etwa 15 Gießkannen voll je m^2. Im Freien besorgt dies der Regen und der schmelzende Schnee.
Anschließend können wir im bereits leeren Gewächshaus gut verrotteten Rindermist eingraben, damit er bei Wärme an Wintertagen weiter verrottet. Befinden sich im Gewächshaus noch Pflanzen, werden diese Arbeiten auf später verschoben. Ist kein Stallmist vorhanden, wird der Boden mit grober Komposterde verbessert, aber nicht jetzt, sondern erst im Frühjahr bei Kulturbeginn, damit kein Stickstoff (Nitratanreicherung!) in tiefere Schichten gelangt.

Dezember
Das unbeheizte Gewächshaus liegt jetzt größtenteils brach. Der letzte Endivie wird geerntet, ebenso Zukkerhut und Feldsalat, wenn sich dieser seit Oktober genügend entwikkelt hat. Auch Winterportulak und Löffelkraut kann geerntet werden, wenn im Herbst ausgesät wurde. Diese Pflanzen bleiben über Winter grün und liefern in der kalten Jahreszeit eine willkommene Würze.

Bei Trockenheit wird der im Oktober ausgesäte Feldsalat und Spinat gegossen (vormittags). Reichlich lüften! Soweit sich Unkräuter entwickelt haben, wird ausgegrast. Vor allem die Vogelmiere wächst auch bei kühler Witterung und kann bis zum Frühjahr die Feldsalat- und Spinatreihen überwuchern.

Januar
Wer noch kein Gewächshaus im Garten stehen hat, aber ab Frühjahr damit beginnen möchte, sollte sich bereits jetzt Kataloge schicken lassen bzw. sich im Garten-Center die angebotenen Modelle ansehen.
Um noch intensiver gärtnern zu können, muß es aber kein heizbares Haus sein. Ohne Heizung bzw. lediglich mit einer thermostatgesteuerten Elektroheizung, die nur während kalter Nächte von März bis Mai einschaltet, um eine eingestellte Mindesttemperatur zu halten, können wir Energie sparen und erzielen trotzdem drei Ernten im Jahr.

Februar
Bevor die neue Saison beginnt, wird das Glashausdach mit warmem Wasser gründlich gereinigt. Dies sollte, ebenso wie bei Frühbeetfenstern, mehrmals im Jahr wiederholt werden. Dadurch werden Staub, Ruß und sonstige Ablagerungen beseitigt, die den Lichtzutritt beeinträchtigen.
Wenn ein Auswaschen des Bodens mit viel Wasser im Spätherbst nicht möglich war, wird dies jetzt nachgeholt. Sicherlich haben wir einen genügend langen Schlauch, der vom Wohnhaus bis zum Gewächshaus reicht. Nach 5–7 Jahren ist es darüber hinaus empfehlenswert, den Boden im Gewächshaus auszutauschen. Diese zeitraubende Arbeit, sollte möglichst bald erledigt werden.
Durch Wärme werden organische Stoffe im Glashaus rascher abgebaut als im Freien. Wir sorgen deshalb für Nachschub und bringen gut verrotteten Rindermist, der bereits das letzte Jahr über kompostiert wurde, beim Umgraben mit unter. Ebenso kann gut verrotteter Kompost verwendet werden.
Die Wärmedämmung heizbarer Gewächshäuser läßt sich durch Isolierfolie (Noppenfolie) verbessern. Dach und Lüftungen müssen aber frei bleiben. Dies lohnt sich auch, wenn in einem Glashaus ohne Dauerheizung verschiedene Gemüse- und Blumenpflanzen herangezogen werden und in Frostnächten ein

Heizlüfter mit Thermostat für ausreichende Wärme sorgt. Um besonders energiesparend zu arbeiten, kann das Glashaus sogar abgeteilt und mit Noppenfolie eine Wärmezelle geschaffen werden. Der Nachteil ist, daß die isolierende Noppenfolie den Lichteinfall um einiges verringert.

März

Anfang bis Mitte März kann im unbeheizten Gewächshaus mit den ersten Kulturen begonnen werden, während dies im beheizten Haus bereits ab Februar möglich ist. Wir pflanzen Kopfsalat, Kohlrabi und Rettiche. Gesät werden im kalten Haus vor allem Radieschen und Kresse.

Durch eine Vliesauflage erhöht sich die Bodentemperatur; die Pflanzen wachsen in den ersten Wochen zügiger voran.

Rettichvorkultur: In einen nicht bis oben hin mit Erde gefüllten Topf säen, damit das Hypokotyl (= weißes Teilstück zwischen Wurzel und Keimblättern) lang wird. Daraus entsteht dann ein walzenförmiger Rettich. Sämlinge senkrecht und bis zu den Keimblättern auspflanzen!

Anfangs deckt man die Kulturen mit Vlies ab, das ohne Nachteil gut 14 Tage lang auf den Pflanzen verbleiben kann. Vorher kräftig gießen! Durch die Vliesauflage erhöht sich die Bodentemperatur, die Pflanzen wachsen in den ersten Wochen zügiger. Später legt man das Vlies nur mehr bei Frostgefahr auf. Wird es besonders kalt, sollte darüber zusätzlich Zeitungspapier gebreitet werden. Allerdings, die frühen Gemüsekulturen halten mehr aus, als mancher denkt. Auch wenn die Temperatur über Nacht unter 0 °C absinkt, erfrieren sie noch nicht. An-

ders ist dies, wenn im Gewächshaus gleichzeitig Gemüse- und Blumenpflanzen angezogen werden, besonders solche von wärmeliebenden Arten.
Sehr wichtig: Reichlich lüften! An trüben Tagen genügen im Kleingewächshaus 10–12 °C, bei Sonne sollte es nicht wärmer als 20–22 °C sein. Automatische Fensteröffner ersparen uns das ständige »Darandenkenmüssen.«
Gegossen wird nur, wenn es unbedingt nötig ist, d. h. wenn der Boden nicht nur oberflächlich trocken aussieht, dann aber gründlich und nur in den Vormittagsstunden. Die Pflanzen sollen am Abend wieder trocken sein, da sonst das Auftreten von Pilzkrankheiten gefördert wird.
Von den Frühgemüsen brauchen Kopfsalat, Radieschen und Kresse nur wenig Nährstoffe, Kohlrabi und Rettiche dagegen mehr. Um Salzschäden und hohe Nitratwerte zu vermeiden, decken wir den Bedarf am besten mit einem organisch-mineralischen Volldünger (Hornoska, Engelharts Gartendünger Stipka, Oscorna u. a.), sofern nicht eine Bodenuntersuchung ergeben hat, daß der Boden mit Phosphor und Kali bereits überversorgt ist. In diesem Fall gibt man einen organischen Dünger, der nur Stickstoff enthält (z. B. Hornmehl, Hornspäne, Guano, Blutmehl u. a.), wobei ein Teil des Bedarfs bereits durch Kompost gedeckt werden kann.

Gesunde Gewürze auch im Winter

Schnittlauch und Petersilie

Dieses begehrte Grün können wir fast den ganzen Winter über am Küchenfenster ernten. Dazu gräbt man von November bis Januar an frostfreien Tagen einige Schnittlauchstöcke aus, schüttelt die Erde ab und läßt sie auf einem kleinen Haufen im Garten liegen. Die Wurzeln dürfen austrocknen und gefrieren, im Gegenteil, nach Frost treiben die Pflanzen rascher aus.
Jeweils nach Bedarf werden einige Wurzelklumpen zum Auftauen ins Haus geholt und in 11–13 cm Töpfe eingetopft. Dazu genügt wenig Erde. Das Zuviel an Wurzeln kann ohne Nachteil mit dem Messer weggeschnitten werden. An milden Wintertagen erübrigt sich ein vorheriges Auftauen, wir können dann die Klumpen gleich einpflanzen.
Mit warmem Wasser angegossen und ans Fensterbrett gestellt, treiben die so behandelten Schnittlauchstöcke bereits nach wenigen Tagen aus. Das Gießen nicht vergessen, denn der Topf darf nicht trocken werden! Nach 2 Wochen können wir den Schnittlauch erstmals schneiden. Er treibt dann erneut durch. Nach 2–3 Schnitten werden die Wurzelklumpen geteilt und in den Garten gepflanzt.
Damit wir den Winter über genügend frisches Petersiliengrün für die Küche haben, sollte im Frühjahr

nicht nur Blatt-, sondern auch Wurzelpetersilie ausgesät werden. Im Herbst bleibt dann nicht mehr viel zu tun: Rüben ausgraben, das Laub bis auf Daumenstärke über dem Kopf zurückschneiden und jeweils mehrere Rüben zusammen in große Tontöpfe pflanzen.
Die Töpfe bleiben im Freien. Erst wenn es kälter wird, stellen wir sie in ein tief ausgehobenes Frühbeet oder überschütten die Töpfe mit trockenem Laub, auf das bei noch größerer Kälte zusätzlich Erde aufgebracht wird. Den Winter über nehmen wir aus diesem Einschlag immer einmal wieder einen Topf heraus und stellen ihn am Küchenfenster zum Treiben auf.
Wer es lieber mit Blattpetersilie versuchen möchte, sät gegen Ende August in einem Blumenkasten aus und beläßt diesen bis zum Frostbeginn im Garten. Dann wird er in einen hellen, kühlen, aber frostfreien Raum, z. B. an das Fenster eines ungeheizten Flurs oder Treppenaufgangs oder dicht an ein Kellerfenster gestellt. In einem milden Winter können die Petersilienblättchen sogar im Freien abgezupft werden, wenn das Beet rechtzeitig mit ein paar Fichtenzweigen oder Laub abgedeckt wurde.

1 △

2 ▽

3 ▽

1 Schnittlauchstöcke ausgraben, Erde ausschütteln und durchfrieren lassen, ...

2 ... Wurzelklumpen eintopfen ...

3 ... und ans Zimmerfenster stellen. Nach 8–10 Tagen kann geerntet werden.

Rund um den Samen

Wer sich die benötigten Sämereien von einem Samenzuchtbetrieb schicken lassen möchte, soll seine Bestellung möglichst schon im Januar aufgeben. Ab Dezember sind die Kataloge solcher renommierter Firmen erhältlich, so daß wir bereits zu Jahresbeginn unsere Wünsche zusammenstellen können. Ebenso können die Sämereien in den Frühjahrsmonaten beim örtlichen Fachhandel (Garten-Center) bezogen werden.
Beim Samen sollte nicht gespart werden, denn gut keimfähiges Saatgut ist die wichtigste Voraussetzung für den Erfolg, ganz gleich ob beim Anbau von Gemüse oder von Blumen. Bewährte Firmen bieten heute den Samen in bunten Tüten, eingeschweißt in durchsichtige Kunststoffbeutel, an, so daß er gegen Austrocknen geschützt ist. Vielfach ist auch angegeben: Haltbar bis ... und die Jahreszahl, so daß wir genau wissen, wie lange mit guter Keimfähigkeit gerechnet werden kann. Fehlt ein solches Verfallsdatum, schreibt man auf die Tüte das Jahr, in dem der Samen gekauft wurde. So haben wir wenigstens einen Anhaltspunkt. Übriggebliebenes Saatgut ist gut verschlossen, kühl und trocken aufzubewahren.
Wie lange Samen keimfähig bleibt, ist je nach Gemüse- oder Blumenart verschieden. So verlieren Petersilie, Schwarzwurzel, Zwiebeln, Feldsalat, Dill und Kerbel schnell ihre Keimfähigkeit – meist nach 1–2 Jahren –, während Samen von Kohlarten, Rettichen, Radieschen, Gurken und Kürbisse noch nach 5 Jahren ausreichend keimen. Am besten ist es, den Samen im gleichen Jahr aufzubrauchen, sofern nicht auf der Tüte längere Haltbarkeit garantiert wird.
Ältere Samen, die uns zum Wegwerfen leid tun, können wir den Winter über auf ihre Keimfähigkeit prüfen. Für eine solche Keimprobe zählt man je nach Gemüse- oder Blumenart bzw. Samengröße bis zu 50 Samen ab – bei Bohnen, Erbsen, Gurken u. ä. genügen 10 – und legen sie gut verteilt auf angefeuchtetes Fließ- oder Toilettenpapier aus, das in einer oder mehreren flachen Schalen liegt.
Damit eine gleichmäßige Feuchtigkeit erhalten bleibt, wird die Schale mit einer Glasscheibe oder Folie abgedeckt. Bei einer Zimmertemperatur um 20 °C beginnen die Samen bald zu keimen. Wir brauchen dann nur auszuzählen, um die prozentuale Keimfähigkeit zu erhalten. Von Samen, der z. B. nur noch zu 40% keimt, muß mindestens die doppelte Menge wie normal ausgesät werden, da die Wachstumsbedingungen im Freien ungünstiger sind als im Zimmer. Bei einer Keimfähigkeit von nur noch 20% wird der Samen am besten nicht mehr verwendet, bei 10% werfen wir ihn in jedem Fall weg; eine Aussaat hätte keinen Sinn mehr.

Um zu prüfen, wieweit Samen noch keimfähig ist, 10–50 Samen in Schalen mit angefeuchtetem Toilettenpapier legen und mit Folie oder Glas abdecken. Schon nach wenigen Tagen zeigen sich im warmen Zimmer die Keimlinge wie hier bei Gurken. Es genügt auch, wenn wir Körner – ohne sie zu zählen – auf feuchtes Papier geben und die Keimfähigkeit nur schätzen.

Die Saatbox, eine praktische Möglichkeit, um Gemüse- und Blumensämereien übersichtlich und immer griffbereit aufzubewahren. Wenn dann noch ein wetterfester Bleistift und Etiketten dazugelegt werden, hat man alles zur Hand, was bei der Aussaat gebraucht wird.

Das Aussäen macht mehr Spaß, wenn wir die Samentüten nicht erst aus verschiedenen Ecken zusammensuchen müssen. Übersichtlich sind sie aufbewahrt, wenn man sie in einen Karton einordnet und vor jeder Art einen gut sichtbaren Kartonstreifen steckt, auf dem die genaue Bezeichnung, also »Gurken/Zucchini/Kürbisse«, »Salate«, »Radieschen/Rettiche« usw. steht. Wenn dann in der Schachtel noch Etiketten und ein wetterfester Bleistift liegen, hat man alles zur Hand.

Neuerdings gibt es eine ebenso originelle wie praktische Saatbox. In einem stabilen Karton befinden sich lose an die 20 Einzel-Schachteln in den Maßen 28 × 10,5 × 12,5 cm. Jede bietet Platz für einige Samentüten. Auf dem Kopf jeder Schachtel können wir gut sichtbar die Gemüse- oder Blumenart angeben sowie Saat- bzw. Pflanzzeit, Reihenabstand, Saattiefe u. a. Für weitere spezielle Notizen ist außerdem auf dem Schachtelrücken reichlich Platz.

Anbauplan für das neue Gartenjahr

Um gesundes, weitgehend krankheitsfreies Gemüse und gleichzeitig hohe Erträge zu erzielen, sollten die Kulturen auf den Beeten von Jahr zu Jahr wechseln. Es empfiehlt sich, Gemüsearten mit langer Wachstumszeit, wie Kohlarten, Gurken, Möhren usw. frühestens wieder nach 3 Jahren auf dasselbe Beet zu säen oder zu pflanzen.
Lediglich Tomaten bilden eine Ausnahme; bei ihnen läßt sich auch nach vielen Jahren nichts Nachteiliges bezüglich Qualität, Gesundheit und Ertrag feststellen. Ähnliches gilt für Porree und Sellerie, beides Gemüsearten, von denen nach der Ernte viele feine Wurzeln im Boden zurückbleiben. Dadurch bleibt der Boden locker und in einem vorzüglichen Kulturzustand.
Um den Fruchtwechsel bzw. die Fruchtfolge auf einige Jahre hinaus zu planen, fertigen wir eine einfache Skizze mit den Umrissen der einzelnen Beete an. In diese Skizze werden jahrgangsweise die wichtigsten Kulturen eingetragen, die auf dem jeweiligen Beet gestanden haben, z. B. Beet 1: 1987 Gurken, 1988 Sellerie, 1989 Frühkohl mit Nachkultur Zuckerhut, 1990 Tomaten mit Vorkultur Kopfsalat und immer so weiter.
Während der Fruchtfolgeplan auf mehrere Jahre im voraus angelegt wird, bezieht sich der Anbauplan nur auf das betreffende Jahr. Grundlage hierfür sind die Erfahrungen und Beobachtungen des zurückliegenden Jahres. Wurde beispielsweise von einer Gemüseart zuviel geerntet, so planen wir für diese weniger Platz ein. Gemüsearten, die bei der Familie beliebt sind, sehen wir dagegen reichlicher vor. Für den Anbauplan zeichnen wir den Gemüsegarten in Form einzelner Rechtecke (Beete) auf ein Blatt Papier und tragen in jedes dieser Papierbeete die beabsichtigte Vor-, Haupt- und Nachkultur sowie Hinweise zur Düngung usw. ein. Bei überlegter Planung kann selbst von einer bescheidenen Anbaufläche erstaunlich viel geerntet werden. So ist es vielfach möglich, neben der Hauptkultur, die das betreffende Beet die längste Zeit des Jahres in Anspruch nimmt, zusätzliche Vor-, Zwischen- und Nachkulturen einzuplanen. Eine derart intensive Nutzung kommt auch dem Boden zugute, der möglichst das ganze Jahr über beschattet sein soll. Zwischenkulturen werden gleichzeitig mit der Hauptkultur ausgesät oder bereits vorher. Sobald die Hauptkultur den Platz benötigt, muß die Zwischenkultur den Platz räumen.
Als Zwischenkultur auf weitgehend unkrautfreien Beeten eignen sich deshalb nur sehr rasch wachsende und wenig Platz beanspruchende Gemüsearten wie Radieschen, Schnittsalat, Gartenkresse, Spinat und Kopfsalat.

Der Mistbeetkasten wird gepackt

Dies ist zwar eine recht zeitaufwendige Arbeit, doch heute befindet sich so mancher Gartenfreund im Vorruhestand, ist rüstig und findet Spaß daran, möglichst früh selbstgezogene Salatköpfe, Radieschen und andere Frühgemüse zu ernten. Das Material für einen warmen Frühbeetkasten, nämlich frischen, dampfenden Pferdemist bekommt man außerdem meist leichter als noch vor Jahren, vor allem aus Reitställen.

Haben wir bereits ein Frühbeet aus Holz oder Holzbeton im Garten stehen, das bisher als kalter Kasten, also ohne Mistpackung, benutzt wurde, so wird zunächst einmal der Boden tiefer als bisher ausgehoben. Wenn wir nämlich bereits in der letzten Februarwoche mit dem Anbau beginnen wollen, sollte in den Kasten eine 40–50 cm starke Mistschicht eingebracht werden, d. h. wir müssen den Kasten auf etwa 80 cm Tiefe ausheben. Nun wird als erstes der Mist eingebracht, der nach dem Festtreten die genannte Stärke haben soll. Sehr trockenen Mist feuchten wir vorher mit warmem Wasser an.

Können wir nur Rindermist bekommen, so ist ein erster Anbau erst ab Ende Februar sinnvoll, denn Rindermist erwärmt die Frühbeeterde nicht so gut. Wollen wir uns noch etwas Zeit lassen und das Frühbeet erst ab Anfang März bestellen, so genügt eine Mistschicht von 20 bis 30 cm. Mangelt es an genügend Mist, so können wir zu diesem späteren Zeitpunkt am Boden erst eine Laubschicht aufbringen und darauf den Mist.

Nach dem Festtreten bringen wir etwa 15–20 cm hoch gute Gartenerde auf, die reichlich mit Komposterde und Torf verbessert wird. Ideal wäre Mistbeeterde, wie sie aber erst nach 1–2 Jahren entsteht, wenn der eingebrachte Mist verrottet und mit der Erde vermischt wird. Torf und Komposterde können selbstverständlich auch erst nach dem Einfüllen der Gartenerde eingearbeitet werden. Zwischen Erdoberfläche und Fenster sollten etwa 15–20 cm Luftraum verbleiben. Dieser vergrößert sich bald, wenn der Mist etwas zusammensackt.

Anschließend werden die Fenster aufgelegt, die für einige Tage gelüftet bleiben, damit die sich entwikkelnden Ammoniakgase entweichen können. Nach etwa 5 Tagen kann dann gesät oder gepflanzt werden, d. h., wenn der Kasten gegen Mitte Februar gepackt wurde, kann der Anbau um den 20. Februar herum beginnen. Wir kaufen in einer Gärtnerei getopfte Kopfsalat- und Kohlrabipflanzen, setzen Treibrettiche und säen Radieschen und Kresse aus. Wenn in einer Ecke des Mistbeetes ein paar Schnittlauchstöcke untergebracht werden, gibt es bald frisches Grün.

Gemüsegarten

1

1 Erde aus dem Frühbeetkasten genügend tief ausheben, ...

2 ... dampfenden, genügend feuchten Pferdemist einfüllen und ...

3 ... gleichmäßig fest antreten, ...

4 ... dann 15–20 cm hoch Mistbeeterde oder reichlich mit Kompost und Torf verbesserte Gartenerde aufbringen, ...

5 ... Fenster auflegen und einige Tage lüften, damit die sich bildenden Ammoniakgase abziehen können. Anschließend kann Gemüse und Salat gepflanzt bzw. ausgesät werden. Ebenso lassen sich Gemüse- und Blumenpflanzen im Frühbeetkasten heranziehen.

2

4

3

5

Bevorzugt wird ein Mistbeet auch zur Jungpflanzenanzucht benutzt, seien es nun Gemüsearten oder Sommerblumen. Wir können direkt ins Mistbeet säen, wenn gut abgelagerte Mistbeeterde eingefüllt wurde. Haben wir jedoch Gartenerde mit viel frischer Komposterde vermischt, werden die Aussaaten besser in Schalen gemacht, die mit spezieller Aussaaterde gefüllt wurden. Andernfalls besteht die Gefahr von Pilzkrankheiten, d.h. die jungen Pflänzchen fallen um.
Eine andere Möglichkeit: Wir säen in Schalen aus und stellen diese im warmen Zimmer auf. Sobald die Samen zu keimen beginnen und die Pflänzchen sichtbar werden, rücken wir die Schalen möglichst nahe ans Fenster. Zeigt sich dann außer den beiden Keimblättern das erste kleine Laubblatt, wird ins Mistbeet pikiert.
So können wir beispielsweise auch Radieschen in einer Schale am Zimmerfenster gegen 10. Februar aussäen und nach kräftiger Entwicklung der beiden Keimblätter gegen 20. Februar in den warmen Mistbeetkasten pikieren. Vorzüglich eignet sich hierfür die Sorte 'Sora', von der wir dann bereits Ende März/Anfang April leuchtend rote, riesengroße und dabei zarte Radieschen ernten können. Wegen ihrer Größe sollten sie im Mistbeet im Abstand von 8 × 10 cm verstupft werden, also weiter als sonst bei Treibradies üblich.

Schnee wird von den Fenstern abgekehrt, damit die Pflanzen genügend Licht bekommen.

Auch im Frühbeetkasten bewährt es sich, die Kulturen anfangs mit Vlies abzudecken. Die Pflanzen wachsen dann flotter voran.

Bei frühem Kulturbeginn ab 20. Februar ist es wichtig, daß die Pflanzen nicht nur Bodenwärme haben, sondern auch die Umwandungen des Kastens und die Fenster gegen Kälte abgeschirmt werden. Wir umgeben sie mit Laub, Stroh oder Mist. Die Fenster werden am Spätnachmittag mit einer Strohmatte abgedeckt, über die zusätzlich Isolierfolie (Noppenfolie) gebreitet werden kann. Dieser Mehraufwand lohnt, weil dann bei nächtlichem Schneefall oder Regen die Strohmatte trokken und die Wärme im Kasten die Nacht über noch besser erhalten bleibt.

Gießen darf man anfangs nur wenig, meist genügt dies einmal in der Woche. Erst im März, wenn die Sonne kräftiger scheint und mit fortschreitendem Wachstum der Pflanzen erhöht sich der Wasserbedarf. Eine wichtige Regel: Nur an sonnigen Tagen vormittags und möglichst mit angewärmtem Wasser gießen! Die Pflanzen sollen bis zum Abend abgetrocknet sein, sonst werden Pilzkrankheiten gefördert, vor allem, wenn gleichzeitig zu wenig gelüftet wird. Also selten, dann aber durchdringend gießen!

Gelüftet wird an sonnigen Tagen mehr als an Tagen mit bedecktem Himmel. Ist es kalt, wird zwar am Morgen die Strohmatte und sonstige Abdeckung entfernt, die Fenster aber bleiben geschlossen. Wichtig ist, daß die Pflanzen viel Licht bekommen, aber auch Luft. Im Zweifelsfall also besser mehr als zu wenig lüften! Am frühen Nachmittag wird abgelüftet, damit sich der Boden noch gut erwärmen kann. Wenn sich keine empfindlichen Aussaaten und Jungpflanzen im Frühbeetkasten befinden, braucht man nicht ängstlich zu sein. Kopfsalat, Kohlrabi, Rettiche und Radieschen vertragen kurzfristig auch einmal Temperaturen unter 0 °C ohne Schaden. Wem das Lüften und Ablüften, vor allem das Darandenken zuviel Arbeit ist, kann sich mit selbstlüftenden Fenstern die Arbeit wesentlich erleichtern. Diese Fenster schließen zwar nicht ganz so dicht wie normale Gärtnerfenster, die Einzelscheiben öffnen und schließen sich aber selbsttätig, je nach Erwärmung bzw. Abkühlung. Das Ganze funk-

Radieschen können im warmen Zimmer ausgesät werden. Sobald die beiden Keimblätter ausgebildet sind, wird ins Frühbeet pikiert.

Neben üblichen Treibsorten eignet sich für frühen Anbau vor allem 'Sora', ein leuchtendrotes Riesenradies.

tioniert zuverlässig. Nachteilig ist nur der hohe Preis, doch kann man sich behelfen, indem man auf einen 3-Fenster-Kasten in der Mitte nur ein selbstlüftendes Fenster auflegt. Dies genügt bereits, um ein »Verbrennen« der Kulturen im Kasten zu verhindern. Man muß dies beim Bau des Frühbeetkastens berücksichtigen, denn die Maße sind 80 × 150 cm, während Gärtnerfenster 100 × 150 cm groß sind.
Doch auch normale Gärtnerfenster öffnen sich selbsttätig, wenn wir einen automatischen Fensteröffner nach Gebrauchsanleitung einbauen. Das Gerät arbeitet stromlos mit einem schwarzen Zylinder, der auf Temperaturschwankungen reagiert und das Öffnen und Schließen des Fensters bewirkt.
Übrigens, wer einmal kurz verreisen muß, kann ab März den Frühbeetkasten für 2–3 Tage sich selbst überlassen. Man lüftet dann die Fenster ganz flach, so daß nur ein Luftspalt von ein paar Zentimetern verbleibt. Wenn dann die Fenster mit einer Strohmatte und einer Lage Isolierfolie bzw. Brettern abgedeckt werden, kommen die Pflanzen gut über die Runden.
Und jetzt – würde es Ihnen nicht Spaß machen, einen richtigen Mistbeetkasten oder wenigstens einen Frühbeetkasten – ab Mitte März kann dieser ohne Mistpackung bestellt werden – zu bauen? Er läßt sich vielseitig nutzen: Im Frühjahr mit Salaten und anderem Frühgemüse sowie zur Jungpflanzenanzucht, den Sommer über mit Gurken, Zuckermelonen oder Paprika, im Herbst und Winter mit Endivie, Zuckerhut und Feldsalat bzw. zur Einlagerung vielerlei Gemüse.

Obstgarten

Gartenarbeiten	Oktober	November	Dezember	Januar	Februar	März
Obst einlagern	■					
Kalken der Obstbäume				■		
Obstbaumpflanzung	■	■	■		■	■
Auslichten und Verjüngen älterer Obstbäume			■	■	■	■
Pflanz- und Erziehungs-schnitt junger Obstbäume					■	■
Abwerfen von Kronen zum Umveredeln			■	■	■	
Schnitt der Edelreiser			■	■		
Schnitt von Strauchbeerenobst			■	■	■	

So läßt sich Obst am besten lagern

In vielen Haushaltungen ergeben sich bei der Lagerung später Äpfel und Birnen oftmals Lagerprobleme. Die vorhandenen Kellerräume sind meist zu trocken und zu warm. Folge: die Früchte beginnen bald zu schrumpfen, vor allem die rauhschaligen. Eine günstige Temperatur von + 3–5 °C, zumindest nicht über 8 °C und eine ideale relative Luftfeuchtigkeit von 85–90% kann in den meisten Fällen nicht einmal annähernd erreicht werden. Um aus einem zu warmen und trockenen Kellerraum das Beste zu machen, öffnen wir auch an kalten und nebligen Tagen die Fenster und überbrausen den Boden des öfteren mit Wasser. Erst bei extremer Kälte, wenn also die Temperatur im Lagerraum an die 0° herangehen sollte, werden die Fenster vorübergehend geschlossen.

Wer ein Haus mit mehreren Kellerräumen besitzt, kann die Obststeigen oder -kisten in die Lichtschächte stellen. Die Kellerfenster können geschlossen bleiben. Wird es kälter, decken wir den Rost jedes Lichtschachtes mit einer starken Styroporplatte ab. Bei extremer Kälte kann man noch trockenes Laub oder Stroh daraufgeben. Eine einfache, vorzügliche Lagermöglichkeit, bei der späte Sorten bis ins Frühjahr hinein frisch bleiben!

1

Geradezu ideal für die Obstlagerung ist ein Keller unter einer freistehenden Gerätehütte oder unter einem Gartenhaus. Ein solcher Raum ist sehr kühl, dabei aber absolut frostsicher. Auch bezüglich Luftfeuchtigkeit kommt er idealen Bedingungen nahe, vor allem, wenn der Boden aus gestampftem Lehm oder aus Ziegeln besteht.
Günstige Bedingungen, zumindest bis etwa Ende Dezember, ergeben sich auch im Innern einer Gerätehütte oder eines Gartenhauses. Die Obstkisten müssen dann allerdings mit alten Wolldecken oder – noch besser – mit Isolierfolie (Noppenfolie) abgedeckt werden, damit die vom Boden her nachfließende wär-

2 

1 Im Lichtschacht des Kellerfensters bleiben Äpfel bis zum Frühjahr frisch. Wenn's sehr kalt wird, Styroporplatte auflegen!

2 Obsthorden in einem vom übrigen Keller abgetrennten kühlen Raum. An der Wand ein Frostwächter.

3 Obstlagerung in Folienbeuteln.

 3

mere Luft zurückgehalten wird und das Obst nicht erfriert. Selbst wenn die Temperatur geringfügig unter 0 °C absinkt (bis –3 °C werden kurzfristig auch ohne Abdeckung vertragen), schadet dies nicht. Erst wenn es richtig kalt wird, meist ab Januar oder im Februar, bringen wir das Obst ins Haus oder in die Wohnung, doch bis dahin ist ohnehin schon ein großer Teil verbraucht.

Mangels eines geeigneten Lagerraumes kann man die Obstkisten auf den Balkon stellen und hat damit Erfolg, wenn ein paar Kleinigkeiten beachtet werden: Auf den Boden jeder Obstkiste mehrere Lagen Zeitungspapier geben, ebenso zwischen jede Obstschicht und abschließend die Kisten dick mit Zeitungspapier, Wolldecken oder Isolierfolie abdecken. So halten sich die Äpfel lange frisch. Müssen die Früchte bei stärkerer Kälte von der Gerätehütte, unbeheizten Garage, Terrasse oder Balkon in frostfreie Räume gebracht werden, deckt man die Kisten mit Folie ab.

Schließlich noch zur Lagerung in Folienbeuteln. Dadurch läßt sich die Haltbarkeit von Äpfeln um ein bis zwei Monate verlängern, auch in ungeeigneten Räumen, die zu warm sind und zu geringe Luftfeuchtigkeit aufweisen. Dazu eignen sich nur mittelspäte bzw. spätreifende Sorten, die etwa eine Woche vor dem sonst üblichen Erntetermin gepflückt werden sollen. Die Früchte dürfen nicht übergroß sein. Beschä-

Durch Besprengen des Bodens mit Wasser erhöht sich die Luftfeuchtigkeit.

digte bzw. kranke Früchte sind ungeeignet, doch dies gilt für die Lagerung ganz allgemein. Die Beutel – geeignete Folienstärke 0,03 bis 0,05 mm – dürfen erst verschlossen werden, nachdem sie bereits 3–5 Tage im Lagerraum gelegen haben, damit sich das Obst der Temperatur des Lagerraums anpassen kann; andernfalls bildet sich Schwitzwasser, Fäulnis wird begünstigt. Während des Winters wöchentlich nachsehen und faule bzw. zu reif gewordene Früchte herausnehmen. Nach dem Öffnen des Folienbeutels sollten die Früchte innerhalb von zwei Wochen verbraucht werden. Günstig ist es, wenn man nach dem Öffnen des Beutels die Früchte noch 3–5 Tage offen liegen läßt: sie bekommen dann ihre sortentypische Farbe und schmecken besser.

Schutz vor Wildverbiß und Mäusen

In manchen Gärten besteht den Winter über die Gefahr, daß die Stämme der Obstbäume vor allem durch Hasen angefressen werden. Der beste Schutz dagegen ist eine dichte Umzäunung des Grundstücks. Feldhasen werden am Eindringen aber nur dann abgehalten, wenn der Drahtzaun dicht am Boden anliegt. Gegen Rehwild schützt ein Zaun nur, wenn er mindestens 1,30 m hoch ist. Ebenso hat es sich bewährt, die Stämme der gefährdeten jungen Bäume mit Maschendrahtgeflecht (Drahthosen) oder Kunststoffspiralen zu umgeben. Zusätzlich läßt man das Schnittholz bis zum Frühjahr auf dem Boden liegen. Feldhasen machen sich dann meist daran zu schaffen und verschonen die Obstbäume. Hasenfraß ist bis in den April hinein möglich. Deshalb Drahthosen bzw. Kunststoffspiralen nicht zu früh entfernen! Für den Schutz von Einzelbäumen gibt es außerdem Stammschutzmittel, die lückenlos auf die Stämme aufgestrichen oder gespritzt werden müssen. Sie bieten einen Schutz während der Wintermonate, allerdings nur, wenn die Behandlung des öfteren wiederholt wird.

Hasen fressen die Rinde am Stamm und bei hohem Schnee auch an Ästen ab, allerdings nicht restlos bis aufs Holz. Es bleiben Kambiumstreifen, also Reste der teilungsfähi-

Hasenfraß! Wundränder glattschneiden und Wunde mit Wundverschlußmittel verstreichen.

Drahthosen und Kunststoffspiralen schützen bis in den April hinein vor Hasenfraß.

gen Schicht stehen; wir schneiden die Wundränder glatt und verstreichen die Fraßstellen mit einem Wundverschlußmittel. Wenn auch der Schaden nicht unerheblich ist, so braucht der beschädigte Baum meist nicht gerodet und durch einen neuen ersetzt zu werden.

Anders ist dies bei einem Fraßschaden durch Feldmäuse. Sie fressen den Stamm meist rundherum bis aufs Holz ab, sie »ringeln« ihn. Ein solcher Baum hat kaum noch eine Überlebenschance. Gefährdet sind vor allem Obstbäume, die auf gemulchtem Boden stehen. So wertvoll Gras- oder Strohmulch auf offenem Boden unter Spindelbüschen oder auf Baumscheiben den Sommer über ist, vor Wintereintritt sollte das Material in unmittelbarer Nähe der Baumstämme entfernt werden.

Wühlmäuse können so manchen Gartenbesitzer zur Verzweiflung bringen, vor allem, wenn der Garten an freies Feld angrenzt. Wenn sie im Herbst und Winter keine Möhren, Sellerieknollen, Schwarzwurzeln mehr finden, gehen sie mit Vorliebe an Obstbäume. Man merkt es meist erst zu spät: im Frühjahr treibt ein junger Baum nicht aus, er läßt sich

ohne Anstrengung aus dem Boden ziehen, die Hauptwurzeln sind ringsherum abgenagt, Spuren der Nagezähne sind gut zu erkennen.
Die Bekämpfung der Wühlmaus sollte vor Wintereintritt erfolgen, sie ist aber nach wie vor schwierig. Vorbeugend kann man in gefährdeten Gärten bei der Pflanzung von Gehölzen die Wurzeln mit einem selbstgebastelten Korb aus engmaschigen, dünnen, nicht verzinktem Draht umgeben. Dieser Drahtkorb muß bis zur Bodenoberfläche reichen und bietet dann guten Schutz.
Am besten bewährt sich immer noch der Fang mit der Falle, wie z. B. Bayerische Wühlmausfalle, Attenkofer'sche Falle u. a. Vor dem Einsetzen der Falle überzeugen wir uns durch eine »Wühlprobe«, ob der Gang noch belebt ist, d. h. wir öffnen ihn. Sind Wühlmäuse vorhanden, wird der Gang manchmal schon nach einer Viertelstunde wieder geschlossen, spätestens aber nach 24 Stunden haben die luft- und lichtscheuen Tiere den Gang zugemacht. Nun öffnen wir den Gang erneut, schieben die Falle so ein, daß sie fest sitzt und decken die Öffnung licht- und luftdicht mit Grassoden oder ähnlichem ab. Am sichersten stellt sich der Erfolg ein, wenn gleichzeitig an mehreren Stellen des ausgedehnten Gangsystems Fallen aufgestellt werden. Die Gänge kann man mit einem Stab oder einem hohen Schuhabsatz ausfindig machen. Da die Tiere sehr geruchsempfindlich sind, sollte man beim Einbringen der Fallen in die Wühlmausgänge am besten Gummihandschuhe tragen.
Des weiteren sind Begasungsmittel im Handel, die Phosphorwasserstoff entwickeln. Derartige Räucherpatronen müssen genau nach Gebrauchsanweisung des Herstellers angewendet werden, um Schäden für Mensch und Haustier zu vermeiden. Gelegentlich wird empfohlen, Auspuffgase (Mofa, Moped u. a.) mittels eines Schlauches in die Gänge einzuleiten; dabei muß der Motor auf Standgas laufen, damit der Anteil an giftigem Kohlenmonoxyd hoch ist. Eine Einwirkung von nur 5 Minuten kann genügen. Andere Gartenfreunde lassen die Wühlmausgänge mit Wasser vollaufen. Beide Methoden sind aber um so wirkungsloser, je weiter das Gangsystem verzweigt ist. Des weiteren gibt es Wühlmausköder, von denen sich Quiritox, ein Präparat auf pflanzlicher Basis, bewährt hat. Dieses Mittel enthält Stoffe des Johannisbrotes. Wühlmäuse, die den Stoff aufnehmen, sterben und trocknen in den Gängen ein.
Um bei der Wühlmausbekämpfung einen nachhaltigen Erfolg zu erzielen, soll auch die Nachbarschaft mit einbezogen werden. Die Behandlung muß möglichst großflächig erfolgen. Es nützt nichts, wenn zwar der eigene Garten wühlmausfrei ist, jedoch aus der Nachbarschaft neue Tiere einwandern.

Was tun gegen Frostschäden?

Frostschäden an Obstbäumen beugt man durch Kalken der Baumstämme vor. Dies sollte nicht vor Mitte Januar erfolgen. Erst dann beginnen sich an sonnigen Tagen die Baumstämme an der Südseite zu erwärmen, während in darauffolgenden klaren Nächten vielfach die Temperatur stark absinkt. Besonders im Februar, wenn die Sonne bereits höher steht, die Nächte aber bitterkalt sein können, besteht die Gefahr von Frostschäden. Durch den Wechsel von Wärme und Kälte entstehen Spannungen im Rindengewebe, die zu Frostrissen führen können.

Noch gefährlicher sind Frostplatten, die ebenfalls die Folge starker Sonnenbestrahlung bzw. extremer Temperaturschwankungen sind. Dabei trocknen Teile der Rinde ein. Ohne daß es zunächst äußerlich zu erkennen ist, stirbt unter einer solchen Frostplatte das Kambium, also das unter der Rinde sitzende teilungsfähige Zellgewebe ab. Die darüber befindlichen Rindenzellen gehen ebenfalls zugrunde. Schließlich werden die geschädigten Rindenteile abgestoßen. Während Frostrisse von den Seiten, also von der wachstumsfähigen Kambiumschicht her vielfach wieder verheilen, führen Frostplatten meist zu einer dauernden Schädigung des Baumes.

Um solche Schäden zu vermeiden, streichen wir die Stämme im Januar bis hinauf zu den Astgabeln mit Kalkbrühe an. Damit der Anstrich besser haftet, setzt man der Kalkbrühe etwas Tapetenkleister oder Wasserglas zu. Wer nur wenige Bäume im Garten stehen hat, wird eines der im Handel erhältlichen Fertigpräparate bevorzugen, die unter Namen wie »Weißanstrich«, »Baycobact« u. a. erhältlich sind. Die weiße Fläche des Baumstammes reflektiert die Sonnenstrahlen, so daß es untertags zu keiner so starken Erwärmung wie ohne Anstrich kommen kann. Gegen Schädlinge nützt solch ein Anstrich allerdings nichts. Wer es sich noch einfacher machen will, stellt vor die Südseite jedes Baumstammes ein genügend großes Brett, um die Sonnenstrahlen abzuhalten. Dies sieht dann allerdings nicht so schön aus wie die weißgekalkten Stämme.

Kalkanstrich reflektiert Sonnenstrahlen, der Temperaturunterschied zwischen sonnigen Tagen und kalten Nächten wird gemildert.

Pflanzung von Obstbäumen

Im Spätherbst ist die beste Pflanzzeit für die meisten Obstarten. Lediglich frostemfindliche Arten wie Pfirsich, Aprikose, Walnuß, Quitte und Brombeere kommen besser erst im zeitigen Frühjahr in den Boden.
Die Pflanzgrube braucht nicht allzu tief, sollte aber genügend groß sein. Andernfalls würden sich die Baumwurzeln in einem Blumentopf befinden und bald an die umgebende verdichtete Erdwand anstoßen. Auf einer Fläche von 1,20 × 1,20 m bis 1,50 × 1,50 m wird deshalb der Boden spatenstich tief ausgehoben und seitlich gelagert. Die folgende Schicht, ebenso tief, lagert man nach dem Ausheben auf der anderen Seite. Anschließend wird die Sohle mit der Grabgabel bzw. bei besonders schwerem Boden mit dem Pickel gelockert. Dann füllen wir die Schichten in derselben Reihenfolge wieder ein wie sie entnommen wurden. Der fruchtbare Mutterboden muß also obenauf kommen. Die genannte Tiefe der Baumgrube genügt vollauf, denn die Hauptwurzelmasse befindet sich auch bei älteren Bäumen nur im Bereich bis zu 40/50 cm Tiefe, andererseits reichen die Wurzeln bald weit über die Kronentraufe hinaus.
Bei solch einer gründlichen Bodenvorbereitung geht das Pflanzen ab Ende Oktober/November rasch vor sich. Wir brauchen dann nur noch ein paar Schaufeln Erde auszuheben und das Wurzelwerk des Baumes in das Pflanzloch stellen. Vorher werden beschädigte Wurzeln bis auf gesunde Teile zurückgeschnitten, aber nur diese, denn der Baum wächst um so besser an, je mehr Wurzeln vorhanden sind. Ein Pfahl muß bei Halb- und Hochstämmen nicht sein, auch eine Bohnenstange – diese sieht allerdings nicht so gut aus – würde dem jungen Baum anfangs genügend Halt geben. Parallel zur Kronenentwicklung bildet er bald ein kräftiges Wurzelwerk aus, so daß er auch ohne Pfahl gegen Wind und Wetter genügend standfest ist.
Gepflanzt wird am besten zu zweit: Eine Person hält den Baum in das Pflanzloch, während eine andere die mit feuchtem Torf und Kompost verbesserte Erde einfüllt und gelegentlich mit den Händen nachhilft. Durch Rütteln des jungen Baumes bzw. durch ständiges Heben und Senken fällt die Erde in alle Hohlräume und kommt dicht an die Wurzeln zu liegen. Nach dem Pflanzen sollte der Baum nicht tiefer stehen, als er vorher in der Baumschule gestanden hat. Anschließend wird um den Baum herum leicht angetreten und der Stamm mit einem Kokosfaserstrick oder anderen kräftigen Material in Form einer Acht locker am Pfahl angebunden; locker, damit sich der frisch gepflanzte Baum noch senken kann. Dann werfen wir

Obstgarten

1

2

1 Auf dem Rasen wird die Größe der Baumgrube von etwa 1,20 × 1,20 m mit dem Pickel vorgezeichnet.

2 Beim Ausheben der Grube kommt die obere spatenstichtiefe Erdschicht auf die eine, die folgende ebenso tiefe Schicht auf die andere Seite. Eingefüllt wird in derselben Reihenfolge, der Mutterboden kommt also wieder obenauf.

3 Nachdem der Pfahl eingeschlagen ist ...

4 ... und die Wurzeln bis auf gesunde Teile zurückgeschnitten sind, ...

5 ... wird gepflanzt, am besten zu zweit, ...

6 ... dann der Baum in Form einer liegenden 8 am Pfahl locker angebunden ...

7 ... und mit Wasser kräftig eingeschwemmt.

3

5

6

7

rund um den Baum einen Gießrand, also einen kleinen Erdwall auf und schwemmen die Pflanzstelle mit mehreren Gießkannen Wasser oder mit dem Schlauch kräftig ein. Auch wenn erst im November/Dezember oder bei offenem Boden gar erst im Januar gepflanzt wird, darf das Angießen nicht vergessen werden. Die Erdteilchen werden dadurch auch an die feinsten Wurzeln geschlemmt, die Wurzeln bekommen enge Verbindung mit dem Boden.
Abschließend decken wir die ganze Baumscheibe mit kurzem Stroh, Stallmist oder Laub ab, damit sich die Feuchtigkeit lange hält (Frühjahr), im Herbst aber vor allem deshalb, damit der Boden noch lange frostfrei bleibt und sich bis zum Eintritt strenger Kälte an den Wurzelenden feine Faserwurzeln entwikkeln können.
Zum Pflanzschnitt (siehe S. 109): Wird im Herbst gepflanzt, dann erfolgt der Pflanzschnitt erst im darauffolgenden Frühjahr, bei Frühjahrspflanzung dagegen sofort.

Spindelbüsche werden bis auf einige Besonderheiten genauso gepflanzt wie Halb- und Hochstämme. Bei dieser niedrigen Baumform mit sehr flach- und schwachwachsendem Wurzelwerk muß jedoch jeder Baum einen kräftigen Pfahl bekommen, und zwar zeitlebens, d. h., der Pfahl sollte nach mehreren Jahren erneuert werden. Ist er unten abgefault, könnte das Bäumchen bei reichem Behang, bei Sturm oder winterlicher Schneelast allzuleicht umfallen.
Sehr wichtig: Spindelbüsche auf keinen Fall zu tief pflanzen! Die knollig angeschwollene Veredlungsstelle muß gut zu sehen sein, andernfalls würde die Wirkung der schwachwüchsigen Unterlage ausgeschaltet. Nur bei richtiger Unterlagenwahl und Pflanzung haben wir auch nach 10 oder 20 Jahren Zwergbäumchen im Garten stehen, bei denen Schnitt, Ernte und andere Arbeiten mit der ausgestreckten Hand oder höchstens unter Zuhilfenahme eines Hockers bzw. einer niedrigen Haushaltsstaffelei erfolgen können.
Da meist mehrere Spindelbüsche gleichzeitig gepflanzt werden, also eine Reihe, brauchen wir nicht wie beim Halb- und Hochstamm einzelne Pflanzgruben ausheben. Es empfiehlt sich vielmehr den Boden in der ganzen Länge der Spindelbuschreihe, etwa 2 m breit und 40 cm tief, zu bearbeiten. Auch hier ist darauf zu achten, daß die unterste Bodenschicht unten, die oberste Bodenschicht – also der Mutterboden – oben bleibt.

Eine Frühjahrspflanzung empfiehlt sich, wenn die Zeit für eine gründliche Bodenvorbereitung nicht gereicht hat. Man sollte dann auf eine Herbstpflanzung verzichten. Es ist aber zweckmäßig, die benötigten Bäume bereits im Herbst bei einer

Garten-Baumschule oder im Garten-Center zu kaufen bzw. diese von einer auswärtigen Markenbaumschule schicken zu lassen, nachdem im Frühjahr häufig die gewünschten Sorten und Unterlagen vergriffen sind. Den Winter über schlagen wir sie im Gemüsegarten ein.
Dazu wird mit der Schaufel ein etwa 30 cm tiefer Graben ausgehoben, in den man die Bäume oder Sträucher dicht an dicht stellt und die Wurzeln mit dem Grabenaushub bedeckt. Wenn feuchter Torfmull zur Hand ist, geben wir davon ein wenig unmittelbar an die Wurzeln. Dadurch wird die Bildung feiner Faserwurzeln gefördert. Auch wenn dann die Pflanzung im Frühjahr verhältnismäßig spät erfolgt und wir die Bäume unmittelbar aus dem Einschlag ins Pflanzloch bringen, wachsen sie ohne nennenswerte Störung weiter.

Ein Tip: Pflanzen Sie als Hochstämme oder Halbstämme vermehrt alte Sorten, die wenig krankheitsanfällig sind und deshalb nicht gespritzt werden brauchen. Es gibt erfreulicherweise bei uns, aber auch in Österreich und der Schweiz, wieder Baumschulen, die solche bewährten Sorten anbieten.

Bäume, die im Herbst nicht mehr gepflanzt werden können, packt man bei Ankunft aus und schlägt sie bis zum Frühjahr in Erde ein.

Obstbäume schneiden

Dies ist eine der wichtigsten Winterarbeiten im Obstgarten. Durch richtigen Schnitt bekommen wir lichte Baumkronen, die bei weitem nicht so anfällig gegen Krankheiten sind wie nicht geschnittene. Außerdem wird dadurch die Fruchtqualität sowie die Regelmäßigkeit des Ertrags verbessert. Es kommt hinzu, daß durch jährlichen Rückschnitt in den ersten Jahren nach der Pflanzung ein kräftiges Kronengerüst entsteht, d. h., die Äste können später auch ohne Stützen reichen Fruchtbehang tragen und brechen selbst bei schwerer Schneelast nicht ab.

Auslichten älterer Kronen

In vielen Gärten stehen alte Obstbäume, die in ihrer Jugend weder einen Pflanz- noch einen Erziehungsschnitt bekommen haben. Diese Kronen sind viel zu dicht, die zahlreichen Äste sind im Kroneninnern ohne Fruchtholz. Dafür haben sich im Außenbereich der hohen Kronen um so mehr Triebe entwikkelt, so daß im Sommer ein dichtes Blätterdach kaum einen Lichtstrahl in das Kroneninnere durchläßt.

An solchen Bäumen können wir schon im November, nach dem Laubfall, mit der Arbeit beginnen und das Auslichten bis in den Februar/März hinein fortsetzen. Nachdem es uns bei dieser schweren Arbeit warm wird, eignet sich der Januar besonders gut. Es darf durchaus kalt sein, nur möglichst nicht unter −5 °C. Ziel dieser Arbeit: Eine gut belichtete Krone sowie Bildung von Jungtrieben und damit Fruchtholz an den verbleibenden Ästen.

Je früher wir auslichten, desto mehr Jungtriebe werden im Laufe des Jahres auf den verbleibenden kräftigen Ästen entstehen, aus denen sich Fruchtholz erzielen läßt. Wurde richtig ausgelichtet, so sollte man einen Hut durch die Baumkrone werfen können. Dieser Arbeitsaufwand lohnt nur bei gesunden und noch im besten Ertragsalter befindlichen Bäumen. Andere werden besser gerodet und durch neue Bäume ersetzt bzw. noch ein paar Jahre »abgemolken« und dann entfernt.

Am leichtesten tun wir uns beim Auslichten, wenn erst einmal alle Äste entfernt werden, die auf jeden Fall weg müssen, also dürre und kranke. Dann folgen sehr dünne Äste und solche, die dicht auf anderen aufliegen usw. Am besten ist es, wir steigen immer wieder einmal von der Leiter, um uns den Baum aus einiger Entfernung anzusehen. Dann fällt die Entscheidung, welche Äste unbedingt heraus müssen, leichter. Noch besser: Wir arbeiten zu zweit. Einer steht in der Krone und sägt, während der oder die andere – meist wird es die Frau sein, denn Frauen haben oft einen besseren Blick für »Störendes« – Anweisungen gibt. Es wäre schade, wenn

versehentlich ein für den Kronenaufbau wichtiger Ast herausgesägt würde, er läßt sich nicht mehr ankleben! Und vor allem – wie auch sonst im Leben – nie den Ast absägen, auf dem man steht!
Allerdings, bei sehr verwahrlosten alten Bäumen, soll der »Idealzustand« nicht auf einmal angestrebt werden, da sonst an den verbleibenden Ästen ein kaum zu bändigender starker Neutrieb (»Wasserschosse«) entstehen würde. Solche Bäume lichten wir besser in 2–3 Wintern hintereinander aus, wobei natürlich zuerst die besonders störenden Teile entfernt werden.
Wichtig: Schnittwunden, die größer als ein Zweimarkstück sind, abschließend mit Wundverschlußmittel verstreichen. So sind sie abgedichtet gegen schädliche Einflüsse von außen und beginnen von den Rändern her rasch zu verheilen.

Die Nachbehandlung ausgelichteter Bäume ist eine wichtige Winterarbeit, denn mit dem Auslichten allein ist es nicht getan. Nach dem Austrieb entstehen an den verbleibenden Ästen zahlreiche Jungtriebe. Die zu dicht stehenden werden im Winter danach entfernt. Lediglich alle 40–50 cm sollte ein solcher »Wasserschoß« verbleiben. Nur Jungtriebe, die waagrecht oder leicht schräg an den Ästen entstanden sind, dürfen dichter stehen, da sie bald zu Fruchtholz werden, also blühen und Früchte bringen.
Die Triebe brauchen aber nicht eingekürzt zu werden, auch wenn sie senkrecht auf den Astoberseiten stehen (»Wasserschosse«). Bereits im Jahr danach bilden sie Blütenknospen aus und im folgenden Jahr blühen und fruchten sie. Dann werden diese Triebe an der Ansatzstelle entfernt, damit es Platz für neue gibt.

Verjüngen älterer Bäume
Ältere Bäume, die kaum noch Neutrieb zeigen und deren Früchte zu klein bleiben, kann man verjüngen und dadurch zu neuem Leben erwecken. Durch einen solchen Verjüngungsschnitt wird der zunehmenden Vergreisung entgegengewirkt. Freilich, die Bäume sollten ansonsten noch gesund sein, damit sich die Arbeit lohnt.
Zuerst wird die gesamte Krone ausgelichtet, so wie bereits beschrieben. Anschließend kürzen wir alle verbliebenen Äste um etwa 1–3 m ein, d. h., wir nehmen die gesamte Krone um etwa ein Viertel bis ein Drittel, eventuell auch noch weiter zurück. Ausgehend vom schwächsten Leitast werden sowohl die Leitäste als auch die Stammverlängerung auf tieferstehende Seitenäste abgesetzt. Nach getaner Arbeit sollte die gesamte Krone ein dachförmiges Aussehen haben, d. h., die weiter unten befindlichen Äste müssen länger sein als die oberen. Im anderen Fall würden die unteren Äste durch die darüber befindlichen

Bei diesem etwa 40 Jahre alten Apfelbaum wurden seit vielen Jahren alle Triebe bis auf kurze Stummeln mit wenigen Knospen (Augen) zurückgeschnitten. Die Folge: kräftiger Austrieb aus allen Augen, von Jahr zu Jahr mehr »Wasserschosse«! Holzproduktion, aber kaum Obstertrag!

überbaut werden, da diese triebmäßig begünstigt sind.
Apfel, Birne und Zwetsche/Pflaume sprechen auf eine solche Verjüngung besonders gut an, sie bilden kräftigen Neutrieb und bringen wieder größere Früchte. Bei schwachwachsenden und im Alter zur Kleinfrüchtigkeit neigenden Apfelsorten wie 'Klarapfel', 'Goldparmäne', 'Ontario' kann man die Vorteile einer solchen Verjüngung besonders deutlich erkennen.
Ebenso wie beim Auslichten können wir mit dem Verjüngen bereits ab November, also bald nach dem Laubfall, beginnen. Je früher, desto kräftiger der Austrieb im Frühjahr!
Lediglich bei Steinobst, das allzuleicht mit Gummifluß (Harzfluß) auf kräftigen Rückschnitt reagiert, sollte ein solches Verjüngen im Sommer gleich nach der Ernte vorgenommen werden. Dies gilt für Süßkirsche, Sauerkirsche, Pfirsich.
All das bisher Gesagte, wie auch die folgenden kurzen Abschnitte über Pflanz- und Erziehungsschnitt, hört sich komplizierter an, als es in der Praxis ist. Aus diesem Grunde ist jedem interessierten Gartenfreund dringend zu raten, an einem Obstbaumschnittkurs teilzunehmen. Solche Kurse werden den Winter über an Volkshochschulen, bei Obst- und Gartenbauvereinen,

Nach dem Auslichten. Erst wurden zu dicht stehende Äste, dann die Mehrzahl der »Wasserschosse«, insgesamt 948 Jungtriebe – bis auf wenige, die Platz hatten – entfernt. Verbleibende Triebe wurden nicht mehr eingekürzt, damit sie bald blühen und fruchten.

Siedlern und Kleingärtnern abgehalten.

Pflanzschnitt
Er wird bei einer Herbstpflanzung im Februar/März, bei einer Frühjahrspflanzung dagegen sofort durchgeführt und bildet die Grundlage für den zweckmäßigen Aufbau einer jungen Baumkrone. Eigentlich hätte der Pflanzschnitt an den Beginn des Kapitels »Schnitt« gehört, wie in meinem Buch »Freude und Erfolg im eigenen Obstgarten«, in dem viele, den Liebhaber interessierenden Fragen ausführlich behandelt sind. Doch hier geht es um Winterarbeiten und da steht eben das Auslichten und andere groben Arbeiten an erster Stelle, zumal wesentlich mehr alte ungepflegte Bäume in den Gärten herumstehen als neugepflanzte.
Deshalb hier nur kurz zum Grundsätzlichen: Der neu gepflanzte Baum, ganz gleich ob Hoch-, Halbstamm oder Buschbaum, sollte nur 3 kräftige, nach allen Seiten gut verteilte Triebe behalten. Alle übrigen kräftigen Triebe werden beim Pflanzschnitt entfernt, vor allem der Konkurrenztrieb. Anschließend werden die 3 noch vorhandenen Triebe kräftig, um etwa ein Drittel bis zur Hälfte, auf ein nach außen stehendes Auge (Knospe) zurückge-

schnitten. Die Stammverlängerung bleibt eine Handspanne länger, so daß wir abschließend eine kleine dachförmige Krone vor uns haben.

Werden Spindelbüsche mit zweijähriger Krone gepflanzt, so entfernen wir erst alle Konkurrenztriebe. Dann werden 4 gut verteilte Triebe fast waagrecht gebunden, sofern diese nicht von selbst in ziemlich flachem Winkel aus dem Stamm entspringen. Diese Triebe werden nicht eingekürzt; sie setzen dadurch sehr früh mit dem Ertrag ein, meist schon im Jahr nach der Pflanzung. Man kann diese Triebe aber auch in flachem Winkel belassen und einkürzen. Dadurch entstehen kräftigere Fruchtäste, der Ertrag beginnt dann allerdings meist erst ein Jahr später. Sollten noch weitere starke Triebe entlang des Stammes vorhanden sein, so entfernen wir diese. Andernfalls würde die Krone später zu dicht. Kurztriebe verbleiben dagegen ohne Rückschnitt am Stamm. Der Mitteltrieb, also die Stammverlängerung, wird auf 5–7 Augen (= Knospen) über dem oberen seitlichen Trieb zurückgeschnitten. Dadurch treiben die verbleibenden Augen aus, d. h., entlang des Mitteltriebes entstehen seitliche Triebe, aus denen Fruchtholz wird.

Erziehungs- und Instandhaltungsschnitt
Ein Jahr nach dem Pflanzschnitt, am besten im Februar/März, führen wir den Erziehungsschnitt durch. Das Grundgerüst wurde bereits beim Pflanzschnitt festgelegt, so daß im Winter danach nur noch kleine Korrekturen nötig sind. Vor allem werden jetzt alle Konkurrenztriebe beseitigt, die sich an den Enden der Leitäste und an der Stammverlängerung gebildet haben. Ebenso schneiden wir die zu dicht stehenden oder auf den Astoberseiten entstandenen Triebe an der Ansatzstelle weg. Die übrigen neugebildeten Triebe binden wir mit Bast in eine beinahe waagrechte Lage, sofern sie nicht bereits waagrecht bzw. leicht schräg stehen. Aus diesen Trieben wird rasch Fruchtholz. Anschließend werden die Stamm- und Leitastverlängerungen auf Knospen nach außen zurückgeschnitten. Bei kräftigem Trieb kürzen wir die Verlängerungstriebe nicht mehr so stark ein wie bei der Pflanzung.
Der Erziehungsschnitt wird solange wiederholt, bis die Krone fertig aufgebaut ist, also etwa 5–8 Jahre lang. Wichtig ist dabei, daß alljährlich nur die Verlängerungstriebe des Stammes, der Leitäste und der Seitenäste eingekürzt werden. Letztere lassen wir im Laufe der Jahre in weiten Abständen entlang der Leitäste entstehen. Alle übrigen Triebe werden dagegen ganz entfernt oder bleiben ungeschnitten, wenn es sich um Fruchtholz handelt oder um schwache, leicht schräg bzw. waagrecht stehende Triebe.

Obstbaumschnitt läßt sich nur in praktischen Kursen und langjähriger Praxis erlernen. Ein gutes Fachbuch kann dabei lediglich eine nützliche Ergänzung sein.

All dies gilt für die höheren Baumformen, für den Spindelbusch nur teilweise. Bei dieser kleinbleibenden Baumform dürfen während des Kronenaufbaus außer den ersten 3–4 Ästen weitere Fruchtäste entstehen. Wir sorgen nur dafür, daß sie locker gestreut und auf Lücke zu den darunter befindlichen Fruchtästen stehen. Auch beim Spindelbusch streben wir eine pyramidale Krone an.

Überwachungsschnitt
Nachdem die Baumkrone fertig aufgebaut ist, bedarf es lediglich eines jährlichen Überwachungsschnittes. Dabei werden die Verlängerungen des Stammes, der Leit- und Seitenäste nicht mehr eingekürzt. Sollte die Krone zu hoch geworden sein, so kann man sowohl die Stammverlängerung als auch die Leitäste auf tiefer und nach außen stehende Nebenäste absetzen. Wichtig ist beim Überwachungsschnitt, daß wir Triebe, die sich auf den Astoberseiten gebildet haben und den Lichtzutritt ins Kroneninnere versperren, beseitigen. Das gleiche gilt für Konkurrenztriebe an den Enden der kräftigen Äste.
Durch den Überwachungsschnitt wird der ideale Kronenaufbau mit nur wenigen, sehr kräftigen Leitästen, einigen locker gestreuten Seitenästen und viel Fruchtholz an all diesen kräftigen Teilen über all die folgenden Jahre hinweg erhalten.

Wundenpflege

Eine wichtige Arbeit, durch die so mancher geschädigte Baum gerettet werden kann! Häufig kommt es zu Schäden an Stamm und Ästen, sei es durch Frost, Obstbaumkrebs, Abschlitzen eines Astes, Zweigmonilia oder Hasenfraß. Auch Wunden, die beim Obstbaumschnitt entstanden und größer als ein Zweimarkstück sind, sollten nachbehandelt werden. Sie verheilen dann rascher, außerdem sind sie gegen schädliche Einflüsse von außen abgeschlossen.

Die beim Obstbaumschnitt entstehenden größeren Wunden werden mit einem Wundverschlußmittel verstrichen.

Bei größeren Wunden schneiden wir den Wundrand im zeitigen Frühjahr bzw. sobald der Schaden sichtbar ist, mit einem scharfen Messer (Hippe) nach und verstreichen die gesamte Fläche mit einem Wundverschlußmittel. Bei Krebs wird die befallene Stelle erst gründlich bis auf das gesunde Holz ausgeschnitten. Handelt es sich um Frostplatten, so beseitigt man den erfrorenen, eingesunkenen Rindenteil und schneidet von den meist braunen Rändern soviel weg, bis das gesunde, grünlichgelb gefärbte Holz sichtbar wird.

Zum Verstreichen eignen sich Lac-Balsam, Bayleton und Santar SM, alles gut streichfähige Wundverschlußmittel, die sich auch bei kühler Witterung mit einem Pinsel oder einer Holzspachtel auftragen lassen. Damit können wir alle Säge- und Schnittwunden, ausgeschnittene Krebswunden und ebenso alle Wunden, die durch mechanische Verletzungen, Sonnenbrand, Frostplatten, Astbruch und Wildverbiß entstanden sind, gegen das Eindringen von Pilzen abdichten. Ausgehend vom Kambium der mitbehandelten Wundränder bilden sich neue Zellen; die Wunde beginnt von den Rändern her zu überwallen.

Schlimm sind vor allem Mäuseschäden, da hier meist die Rinde rundherum bis aufs Holz weggenagt ist. In einem solchen Fall kommt jede Hilfe zu spät, wir pflanzen besser einen neuen Baum.

Umveredlungen vorbereiten

Wenn uns die Früchte eines Baumes nicht schmecken, wenn der Ertrag sehr gering oder die Sorte sehr krankheitsanfällig ist, brauchen wir den Baum nicht gleich umzusägen. Wir können ihn umveredeln, also eine geeignetere Sorte aufpfropfen. Aber auch wertvolle alte Sorten von lokaler Bedeutung, die in Baumschulen nicht angeboten werden, können auf einen vorhandenen Baum aufveredelt werden, um die bewährte Sorte zu erhalten. Von dieser Möglichkeit sollte noch viel mehr Gebrauch gemacht werden, denn es wäre schade, wenn solche Sorten aussterben würden. Übrigens, um im Garten noch mehr Sorten unterzubringen, ist es durchaus möglich, auf Obstbäume zusätzlich eine weitere, ja sogar zwei oder drei andere Sorten aufzuveredeln. Man sollte dabei nur darauf achten, daß hierfür Sorten gewählt werden, die annähernd gleiche Wuchsstärke haben, da sich sonst die Krone recht ungleichmäßig entwickeln würde. Grundsätzlich veredeln wir nur Bäume um, die noch verhältnismäßig jung und wüchsig sind. Die Pfropfköpfe sollen nicht mehr als 10 cm Durchmesser haben, besser sind 6–8 cm Durchmesser, andernfalls würde es zu lange dauern, bis die Wunde verheilt. Auch aus diesem Grunde scheiden alte Bäume mit sehr kräftigen Ästen aus.

Bereits im Winter, noch während der Ruhezeit der Bäume, beginnen die Vorbereitungen. Zu dieser Jahreszeit wird die gesamte Baumkrone bis weit ins alte Holz hinein zurückgenommen, »abgeworfen« wie der Obstbauer sagt. Je nach Obstart ist der günstige Abwurfwinkel verschieden. Beim Apfel soll die Krone danach möglichst einem flachen, bei Birne und Steinobst einem steilen Hausdach ähneln. Kronen, die keinen richtigen Aufbau mit Leit- und Seitenästen haben bzw. zu dicht sind, werden vor dem Abwerfen ausgelichtet, so wie dies im entsprechenden Abschnitt auf S. 106 beschrieben ist.
Die stärkeren Äste sollen nach dem Abwerfen noch 1–1,50 m lang sein, bei sehr jungen Bäumen und Spindelbüschen jedoch wesentlich kürzer. Wird zu kurz abgeworfen, so können ältere Bäume »im Saft ersticken«. Nachdem die Umveredlung meist erst im Frühjahr erfolgt, wenn die Bäume voll im Saft sind und die Rinde gut löst, lassen wir im Winter die zu veredelnden Äste zunächst etwa 20 cm länger; sie werden erst unmittelbar vor dem Veredeln bis ins frische Holz nachgeschnitten. Einige schwächere, tief hängende, im unteren Kronenbereich vorhandene Äste bleiben unbehandelt; wir belassen sie als »Zugäste«.

Auch die Edelreiser werden bereits in den Wintermonaten vorbereitet.

Ein Birnwildling, von selbst aufgegangen. Damit er im Frühjahr veredelt werden kann, ...

... wird die Krone bereits im Winter ausgelichtet und anschließend »abgeworfen«.

Man schneidet sie im Dezember/ Januar, also während der Saftruhe, von einem reichtragenden Baum der gewünschten Sorte. Als Edelreiser eignen sich bleistiftstarke, etwa 30–40 cm lange einjährige Triebe, die an der Sonnenseite, also an gut belichteten Stellen, gewachsen sind. Nur solche Jungtriebe sind gut ausgereift und haben kräftige Knospen ausgebildet.

Wer nicht die Möglichkeit hat, sie im eigenen Garten oder bei einem Bekannten zu schneiden, kann sie von einer Baumschule oder einem Obstbauinstitut beziehen. Wichtig ist eine frühzeitige Bestellung, damit die zahlreichen Wünsche berücksichtigt werden können. Meist liegt im Dezember der letzte Termin hierfür. Große Schwierigkeit bereitet in vielen Fällen die Beschaffung von Edelreisern wertvoller alter Sorten. Doch auch dies ist neuerdings über Obstbauinstitute und Versuchsanstalten möglich. Nachdem die Edelreiser geschnitten bzw. bei uns eingetroffen sind, schlagen wir sie gebündelt und etikettiert an der Nordseite des Hauses oder in einem kühlen Kellerraum tief in Erde oder in leicht feuchten Sand ein. Die Einschlagstelle muß bis zum Gebrauch der Reiser leicht feucht gehalten

Hier: »Danach«. Vor dem Veredeln die Äste noch um 20 cm zurückschneiden!

werden, damit sie nicht vertrocknen.

Das Pfropfen hinter die Rinde wird erst im Frühjahr durchgeführt, wenn die Bäume voll im Saft sind und die Rinde löst. Diese Methode ist in einschlägigen Büchern näher beschrieben. Doch gilt auch hierfür, wie für das winterliche Abwerfen der Krone zum Umveredeln, was bereits beim Auslichten und anderen winterlichen Schnittarbeiten gesagt wurde: Probieren geht über studieren! Besuchen Sie einen praktischen Kurs, in dem dies alles vorgeführt wird und Sie selbst üben können.

Weitere wichtige Pflegearbeiten

Teilweise wurden sie bereits in anderen Abschnitten erwähnt, hier sollen sie nochmals kurz zusammengefaßt werden:

- Wildschaden vermeiden durch dichte Umzäunung bzw. Drahthosen oder Wildschutzspiralen.
- Baumpfähle und Bindematerial bei Spindelbüschen und Beerenhochstämmchen auf Stabilität überprüfen und, wenn nötig, erneuern.
- Etiketten, die den Stamm einschnüren oder gar schon hineingewachsen sind, entfernen. Am besten Etiketten bereits bei der Pflanzung wegnehmen und die Sorten/Unterlagen auf einem Lageplan festhalten, oder Etiketten so am Baum anbringen, daß ein Einschnüren nicht möglich ist.
- Mulchdecke im Bereich der Baumstämme im Spätherbst entfernen, um Mäusefraß (Feldmäuse, Wühlmäuse) möglichst zu vermeiden.
- Baumscheiben anlegen und die ersten Jahre offen halten, wenn großkronige Obstbäume, also Halb- und Hochstämme in den Rasen oder in eine Wiese gepflanzt wurden. Damit das Gras den jungen Wurzeln nicht zuviel Wasser und Nährstoffe wegnimmt, wird zu einer Baumscheibe mit 1–1,50 m Durchmesser geraten. Sie sollte den Sommer über mit Rasenschnitt und ähnlichem abgedeckt, also ge-

Etiketten, die den Stamm oder die Triebe einschnüren oder gar schon eingewachsen sind, rasch entfernen! Am besten gleich bei der Pflanzung!

Bei neugepflanzten Bäumen und in den ersten Standjahren lohnt sich eine offene Baumscheibe, die mit Mulchmaterial abgedeckt wird.

mulcht werden, damit der Boden feucht und locker bleibt. Nach einigen Jahren, wenn sich die Krone bereits gut entwickelt hat, lassen wir die Baumscheibe zuwachsen bzw. säen Gras ein, damit die Rasenfläche geschlossen wirkt.

- Triebausschläge, die am Stammgrund eines Obstbaumes oder Beerenhochstämmchens entstanden sind, sollten möglichst rasch beseitigt werden. Solche Triebausschläge entstehen gelegentlich aus der Unterlage, also aus dem Wildling. Sie wachsen wesentlich kräftiger als die Edelsorte und können diese – ähnlich wie bei Ziergehölzen – überwuchern oder zumindest beeinträchtigen. Wir nehmen soviel Boden weg, bis der Stammgrund freiliegt und schneiden die Schosser mit einem scharfen Messer oder einer Schere möglichst dicht am Stamm ab. Die Triebe nur über dem Boden abzuschneiden bringt nicht den gewünschten Erfolg. In diesem Fall verblieben an jedem Trieb mehrere Knospen, die wiederum austreiben und den Wildwuchs noch verstärken.

Winterarbeiten beim Beerenobst

Erdbeeren

Die Erdbeerbeete überwintern ohne jeden Schutz. Nur wenn sich Unkräuter zwischen den Pflanzen breitgemacht haben, entfernen wir diese vorsichtig mit der Grabgabel, um die Wurzeln nicht zu stören.

Winterschnitt an Strauchbeerenobst

Beim Strauchbeerenobst steht der Schnitt bzw. das Auslichten der Sträucher an erster Stelle. Dies ist gleichzeitig vorbeugender Pflanzenschutz, denn in zu dichten Sträuchern finden Pilzkrankheiten bessere Lebensbedingungen als in lichten, gut durchlüfteten.

Bei Roten und Weißen Johannisbeeren sollte der im Ertrag befindliche Strauch nicht mehr als 8 bis höchstens 12 kräftige, gut verzweigte Triebe haben, möglichst gleichmäßig innerhalb des Strauches verteilt. Ist der Strauch zu dicht, und dies ist in den meisten Gärten der Fall, so sollte er gründlich ausgelichtet werden. Dabei schneiden wir bevorzugt alle kranken (Rotpustelkrankheit), dünnen, zu eng stehenden oder zu sehr auf dem Boden aufliegenden Triebe dicht über dem Boden weg; es sollten keine Stummel stehenbleiben. Rote Johannisbeeren bringen den besten Ertrag am zwei- bis dreijährigen Holz. Weiter werden alle Triebe, die älter als 4–5 Jahre sind – kenntlich am dunklen Holz –, herausgeschnitten. Um den Strauch ständig zu verjüngen, bleiben als Ersatz hierfür jedes Jahr 1–3 kräftige Jungtriebe stehen. Alle übrigen Jungtriebe, die meist in großer Zahl aus dem Wurzelstock entstanden sind, werden dagegen bodeneben weggenommen, sofern dies nicht bereits im Sommer geschehen ist.

Schwarze Johannisbeeren tragen vorwiegend an den einjährigen Trieben, vor allem zur Spitze hin. Aus diesem Grund sollte man hier all-

Bei Johannisbeersträuchern genügen 8–12 kräftige, gut verteilte Triebe. Also auslichten!

Gallmilbenbefall an Schwarzer Johannisbeere. Ballonartig angeschwollene Knospen abzupfen.

jährlich für viel kräftigen Neutrieb sorgen: Bereits bei oder kurz nach der Ernte werden die fruchttragenden Triebe bis auf Jungtriebe zurückgeschnitten, die meist im unteren Teil der alten Triebe entstanden sind. Man kann sie aber auch bis zum Boden herunternehmen, wenn sich genügend Jungtriebe aus dem Wurzelstock entwickelt haben. Triebe, die mit vielen ballonförmigen Knospen (Befall der Johannisbeergallmilbe!) besetzt sind, werden in jedem Fall entfernt.

Bei Stachelbeersträuchern wollen wir durch Schnitt erreichen, daß die Krone licht bleibt und alljährlich lange Jungtriebe entstehen, an denen die Beeren wie an einer Perlenschnur aufgereiht sind. Zu dichte Kronen werden deshalb den Winter über kräftig ausgelichtet, wobei wir vor allem Triebe, die älter als 3 Jahre sind, entfernen; man erkennt sie am dunkleren Holz. Die schönsten Früchte hängen an den kräftigen einjährigen und an den bereits etwas verzweigten zweijährigen Trieben. Wenn der Strauch oder Hochstamm – diese werden bei Johannis- und Stachelbeeren in ähnlicher Weise ausgelichtet – nach dem Schnitt zu licht erscheint, war er richtig. Übrigens, die Triebspitzen brauchen bei Stachelbeeren nur bis auf gesundes Holz eingekürzt zu werden, wenn sie Befall durch Amerikanischen Stachelbeermehltau zeigen. Ansonsten bleiben sie unbehandelt, weil hier mit die schönsten Beeren hängen. Befallene, abgeschnittene Triebspitzen kommen in die Mülltonne oder werden verbrannt.
Der Schnitt von Stachel- und Johannisbeeren sollte bis zum Februar beendet sein, weil diese Beerenobstarten oft schon ab Ende Februar/Anfang März austreiben.

Sehr wichtig: Bei Hochstämmchen die Pfähle etwas hin- und herbewegen, um zu sehen, ob sie noch genügend standfest sind; wenn nötig ersetzen. Gleiches gilt für das Bindematerial. Hochstämmchen müssen im oberen Drittel des Stammes und – sehr wichtig – nochmals in der Krone angebunden sein. Andernfalls bricht das Stämmchen bei Schneedruck, Sturm oder reichem Fruchtbehang ab. Wenn viel nasser Schnee fällt, Hochstämmchen abschütteln!

Bei Brombeeren legt man vor Winterbeginn alle vorhandenen langen Ranken zu Boden und deckt sie locker mit Fichtenzweigen oder Stroh ab. Dies nützt in sehr kalten Wintern zwar nur wenig gegen Erfrieren, verhindert aber das schädliche Gefrieren und Auftauen bei sonnigem Winterwetter und klaren, kalten Nächten. Erst im Frühjahr werden dann die alten abgetragenen Triebe über dem Boden abgeschnitten und die jungen Ranken locker an das Spaliergerüst gebunden. Erfrieren in einem kalten Winter die Triebe, so brauchen die Stöcke keinesfalls gerodet zu werden. Im betreffenden Jahr gibt es zwar keine Ernte, aus dem Wurzelstock entwickeln sich aber neue kräftige Jungtriebe, die im Jahr darauf wieder in gewohnter Weise tragen.

Pflanzen und Mulchen

Der Spätherbst und bei offenem Boden auch die Wintermonate sind die beste Pflanzzeit für Stachel- und Johannisbeeren. Genügend große Pflanzabstände einhalten! Beim Pflanzschnitt werden schwache Triebe ganz entfernt, die kräftigen bis auf ein Drittel ihrer bisherigen Länge eingekürzt. Dadurch entsteht ein kräftiger Austrieb.
Allen Beerensträuchern bekommt eine Bodenabdeckung gut, da sie sehr flach wurzeln. Ab Mai steht für diesen Zweck meist reichlich Rasenschnitt zur Verfügung. Kompost als Grundlage jeder Düngung sollte dagegen erst im Spätwinter ausgebracht werden, um eine Stickstoffauswaschung (Nitratanreicherung) während der Winterruhe zu vermeiden.

Weinreben

Der Weinstock am Haus oder an einem Spaliergerüst darf erst im Spätwinter, also gegen Ende Februar/ Anfang März, geschnitten werden. Allerdings nicht später, da er sonst bluten würde, d. h., es tritt viel Saft aus der Schnittstelle. Wie ein Weinstock von klein auf erzogen wird, kann man aus einem Obstbaubuch erfahren. Hier der Winterschnitt bei einem älteren Weinstock: Von allen jungen Trieben, die aufgrund des letztjährigen Schnittes entstanden sind, bleibt an jeder Ansatzstelle nur einer stehen, der auf 2 Augen eingekürzt wird. Während wir bei allen Obstgehölzen immer dicht über einem Auge (Knospe) schneiden, bleibt beim Wein über dem Auge ein kurzer Zapfen stehen. Aus den verbliebenen Augen entstehen ab Frühjahr kräftige Triebe, an den sich die Gescheine (Blüten) bilden und dann die Trauben.

Geräte und Zubehör

Das große Ab- und Aufräumen

Vor den ersten Nachtfrösten werden die noch im Garten befindlichen wärmeliebenden Kulturen abgeräumt und ins Haus oder an einen anderen frostfreien Platz gebracht. Dies gilt für Kürbisse und Zucchini, für Paprika und Tomaten. Nachdem im September/Oktober nach einigen Frostnächten häufig nochmals eine Schönwetterperiode folgt, können wir geschützt stehende Tomaten anfänglich mit Kunststoffhauben oder ähnlichem abdecken, sobald es aber kälter wird, sollte man endgültig abernten.
Die halbreifen oder noch grünen Früchte werden in Flachsteigen gelegt, wie sie in beinahe jedem Obst- oder Gemüsegeschäft kostenlos zu haben sind. Auf den Küchenkasten oder einen anderen warmen Platz gestellt, reifen die Früchte im Laufe von Wochen nach. Sie brauchen dazu nur Wärme, aber kein Licht. Auf diese Weise hat man beinahe bis Weihnachten Tomaten, die sich zum Ende hin zwar nicht mehr zum Essen eignen, aber durchaus für eine köstlich schmeckende Suppe. Auch große Zucchini lassen sich noch lange lagern. Wenn ein Teil davon verbraucht wird, schließt man die Schnittfläche mit Folie ab.
Nach dem Abräumen der Beete bringen wir die Pflanzenreste, auch die von abgeschnittenen Blütenstauden und erfrorenen Sommerblumen auf den Kompostplatz. Kräftige Pflanzenteile, wie die Stengel von Tomaten, Sonnenblumen oder Königskerzen, werden vor dem Kompostieren in kleine Stücke geschnitten, damit sie besser verrotten.

Gleichzeitig mit den Pflanzen nehmen wir auch Bohnen- und Tomatenstangen sowie Drähte und Stäbe für rankende Blumen aus dem Boden und lagern sie den Winter über regengeschützt in der Gerätehütte oder unter einem Vordach.

Das gleiche gilt für Lattenroste, die den Sommer über auf den Trittwegen im Gemüsegarten gelegen haben. Wir kehren mit einem kräftigen Besen die anhaftenden Erdreste ab und benützen schließlich noch den kräftigen Strahl aus dem Wasserschlauch, bevor sie bis zum nächsten Frühjahr eingelagert werden. Solche Roste sind sehr praktisch,

Lattenrost selbstgebaut
3 Dachlatten in der Länge der Trittwege verbindet man dazu etwa alle 80 cm mit 20 cm langen Lattenstücken, so daß zwischen den einzelnen Längslatten etwa 2–3 cm Luft verbleibt.

weil man auf ihnen auch bei Regen den Gemüsegarten trockenen Fußes betreten kann. Dazu sehen sie gefällig aus und sind beweglich.

Wir dürfen auf keinen Fall vergessen, vor Wintereintritt alle flüssigen Pflanzenschutzmittel frostfrei und für Kinder unzugänglich zu lagern. Sie verändern sich bei Frost und sind dann nicht mehr wirksam.

Auch Sämereien nimmt man aus der Gartenhütte ins Haus. Andernfalls werden sie gerne von Mäusen heimgesucht, so daß im Frühjahr nur noch angeknabberte Samentütchen herumliegen.

Wenn der Frühbeetkasten leer ist, nehmen wir die Fenster weg und lagern sie stehend in der Gerätehütte oder unter dem Vordach eines Schuppens. Damit den Winter über kein Schaden am Glas entsteht, stellt man am besten ein genügend breites Brett davor oder schützt sie mit Pappkarton oder Noppenfolie. Notwendige Reparaturen sollten möglichst bald gemacht werden, denn bereits im Februar/März werden die Fenster wieder benötigt. Bleiben die Fenster auf dem Kasten, weil sich darin noch Kulturen wie Feldsalat, Endivie oder Zuckerhut befinden, so empfiehlt es sich, bei stärkerem Schneefall die Scheiben mit Brettern abzudecken beziehungsweise sie mit einem Besen abzukehren.

Vor Frost schützen ...

Gießkannen werden für manche herbstliche Pflanzarbeit noch benötigt. Sobald jedoch der Winter mit Schnee und Eis kommt, stellen wir sie in den Geräteraum. Sind mehrere Kannen vorhanden, aber wenig Platz zum Aufbewahren, können sie ebenso gut im Freien verbleiben. Sie dürfen nur nicht aufrecht stehen, da sich sonst bei Regen und Schnee im Innern ein wenig Wasser ansammeln würde, das bei Minustemperaturen gefriert. Es kommt zu Rissen und die Kanne ist leck. Eine Plastikkanne ist leicht zu ersetzen, schade aber, wenn es sich um eine wertvolle verzinkte Schneiderkanne mit ansonsten schier unbegrenzter Lebensdauer handelt. Werden die Kannen dagegen auf den Kopf gestellt oder flach auf den Boden gelegt, überwintern sie tadellos.

Auch der Gartenschlauch wird nach den letzten Pflanzarbeiten bzw. vor stärkeren Frösten eingewintert. Nachdem er geleert und gereinigt ist, hängen wir ihn sauber aufgerollt im Geräteraum auf.

Die Wasserleitung bleibt so lange wie möglich offen, denn auch im November brauchen wir hin und wieder eine Kanne Wasser. Erst wenn es richtig kalt wird, schließen wir den Absperrhahn im Keller und öffnen den Hahn im Freien. Nachdem ein Eimer darunter gestellt

Gießkannen, flach auf den Boden gelegt, können im Winter durchaus im Freien verbleiben, ohne durch Frost beschädigt zu werden.

wurde, wird das neben dem Absperrhahn befindliche Auslaufventil geöffnet, so daß alles noch in der Leitung befindliche Wasser auslaufen kann. Ein Rohrbruch ist dadurch auch bei strengstem Frost ausgeschlossen. Man braucht aber nicht ängstlich zu sein und die Leitung bereits bei den ersten Nachtfrösten zu entleeren. Schließlich wird oft noch spät Wasser beim Pflanzen von Gehölzen benötigt. Nachdem die in den Garten hinausführende Leitung im Keller verläuft und die Wohnung meist geheizt wird, kann es in »normalen« Wintern vor Januar kaum zu Schäden kommen.

Wasserbecken werden im November entleert und abgedeckt, damit sich über den Winter darin kein Wasser ansammeln kann. Holzbottiche stellt man nach dem Entleeren auf den Kopf und deckt sie möglichst unauffällig mit schwarzer Folie oder ähnlichem ab. Dieser Schutz gegen Sonne verhindert weitgehend ein Schwinden der Faßdauben; also der seitlichen Bretter. Feine Spalten schließen sich wieder, sobald im kommenden Frühjahr Wasser eingefüllt wird.
Es gibt aber noch eine andere Möglichkeit, um Wasserbecken aus Beton gegen Frostschäden zu schüt-

Wenn man in das Wasserbecken bei beginnender Kälte Hölzer hineinstellt, kann das Wasser über Winter im Becken bleiben.

zen, ohne daß dabei das Wasser abgelassen werden muß: Wir stellen bei einsetzender Kälte ein paar kräftige Rund- oder Kanthölzer senkrecht in den Behälter. Sobald das Wasser gefriert und sich ausdehnt, wirkt der Druck auf das weichere Holz, während die Betonwände ohne Risse bleiben.
Eine außerordentlich praktische Lösung, weil dann bereits ab zeitigem Frühjahr genügend Wasser im Garten vorhanden ist. Zweckmäßig ist es, wenn wir mit dem Einstellen der Holzstücke zuwarten, bis sich auf der Wasseroberfläche eine etwa daumenstarke Eisschicht gebildet hat. Wir brauchen sie nur zu durchschlagen. Die Hölzer sind dann durch das umgebende Eis eingezwängt, d. h., sie bleiben senkrecht stehen, während sie sonst waagrecht schwimmen würden.

Rasenmäher und Spritzgerät »einwintern«

Meist mähen wir den Rasen im November ein letztes Mal, damit er kurzgeschoren in den Winter gehen kann. Bei diesem letzten Schnitt gibt man nur soviel Benzin in den Tank, wie erfahrungsgemäß für einmal Mähen benötigt wird. Bleibt zum Schluß noch ein wenig zurück, so fahren wir ein paar »Ehrenrunden« oder lassen den Motor so lange laufen, bis er von selbst »abstirbt«, bis also keine Reste mehr im Vergaser sind. Dies ist besonders bei Zweitaktmotoren wichtig. Andernfalls verkleben die in dem restlichen Kraftstoffgemisch enthaltenen Ölteilchen, was dann zu den bekannten Startschwierigkeiten im nächsten Frühjahr führt. Anschließend nimmt man bei einem Mäher mit Benzinmotor die Zündkerze heraus und füllt durch die Öffnung 1–2 Eßlöffel Motoröl. Nachdem der Motor von Hand ein paarmal durchgedreht wurde, damit sich das Öl im Zylinderraum verteilt (Schutzfilm), wird die Zündkerze wieder eingeschraubt. Steht der Mäher jedoch den Winter über in einem Raum mit größeren Temperaturschwankungen, so ist es besser, anstelle der Zündkerze einen Lappen in die Öffnung zu stecken.
In Verbindung mit dieser Einwinterungsarbeit wird überprüft, ob das Messer nach der starken Beanspruchung das ganze Jahr über noch

fest sitzt. Dies gilt für alle Geräte, ganz gleich, ob es sich um einen Motor- oder Elektromäher handelt. Noch besser: Man gibt den Mäher bereits im Herbst oder während der Wintermonate zur Inspektion. Dabei wird dann auch gleich das Messer nachgeschliffen und ausgewuchtet. Aber nicht vergessen, denn wenn das Rasenmähen wieder beginnt, sind solche Reparaturwerkstätten meist überlastet. Ebenso wie den Mäher, sollte während des Winters auch das Spritzgerät überholt werden, denn es ist ärgerlich, wenn wir bei der ersten Spritzung feststellen, daß eine Dichtung undicht ist oder eine Schraube fehlt.

Gerätehütte »stöbern«, Gerätepflege

Den Frühjahrsputz, bei dem Hausfrauen an einem sonnigen Tag vor Ostern die ganze Wohnung auf den Kopf stellen und oft viel Unruhe verbreiten, verlegen wir Gärtner auf den Winter, am besten auf einen milden Tag vor Weihnachten. Dabei wird der Geräteraum ausgeräumt und das ganze Inventar nach draußen gestellt. Sicherlich, es gibt Gartenfreunde, die diese Arbeit vergessen können, weil sie das ganze Jahr über vorbildliche Ordnung halten – ich gehöre nicht dazu –, aber meist sammelt sich im Laufe der Monate in dem Geräteraum so allerhand Krimschkramsch an, von dem man sich trennen sollte. Auch stehen oder liegen die Geräte und andere Hilfsmittel nach Abschluß der Gartensaison nicht mehr am vorgesehenen Platz. Oft gibt es Ärger beim Suchen, und wir schwören uns immer wieder einmal: jetzt wird aufgeräumt!

Also, alle Geräte und sonstiges Gartenzubehör ins Freie stellen, den Raum ausfegen und dann alle Geräte ordentlich einräumen. Nachdem bei Winterbeginn die Gartenarbeiten weitgehend erledigt sind, werden Grabgabel und Spaten, Schaufel, Hacken und all die anderen mit einer groben Bürste von Erde gesäubert und mit einem öligen Lappen eingerieben. Geräte mit abgebrochenen Stielen stellen wir beiseite, um sie während des Winters zu reparieren. Erst dann bringen wir alles wieder an seinen Platz.

Meist sammelt sich im Laufe des Jahres ein größeres Topflager an, doch davon kann ein Gärtner gar nicht genug haben. Nachdem die Töpfe gereinigt sind, werden sie größenmäßig sortiert und ineinandergeschoben, so daß wir lange Rollen bekommen, die liegend oder stehend in ein Regal eingeräumt werden. Tontöpfe kommen dabei zu Tontöpfen, Kunststoff zu Kunststoff.

Multitopfplatten und Saatschalen bzw. Pikierkistchen werden ebenfalls erst gesäubert und dann eingeräumt. Dabei bringen wir Multitopfplatten mit im Laufe der Jahre ein-

Geräte und Zubehör

Ordnung im Geräteraum: Umrisse der Geräte mit Kreide anzeichnen – sobald ein Gerät fehlt, fällt dies sofort auf, und wir können danach »fahnden«.

gedellten Töpfchen und stärker beschädigte Plastikschalen gleich in die Mülltonne.
All die vielen praktischen Kleingeräte wie Gartenschere, Hippe, Setz- und Pikierholz, Handgrubber, Distelstecher, Plattenfugenreiniger u. a. gibt man am besten in ein kleines Kistchen. Ein Griff genügt dann, und schon kann die Arbeit beginnen.
In ein anderes Kistchen oder einen Pappkarton kommen Etiketten, wetterfester Stift und verschiedenes Bindematerial. Schließlich werden noch die Düngersäcke, Beutel mit Aussaaterde und sonstiges Zubehör wie z. B. Erdsieb, Stäbe in verschiedener Länge, Gartenhandschuhe eingeräumt. Düngersäcke gut verschließen, damit der Inhalt trocken bleibt und nicht zu Klumpen verklebt! Wer das Jahr über Aufzeichnungen über Aussaaten, Erträge und sonstigen Beobachtungen machen möchte, hängt sich in die Gerätehütte ein Notizheft mit Bleistift; es ist dann immer rasch zur Hand.
Nach beendeter Arbeit können wir uns auf die Schulter klopfen: Der Geräteraum erstrahlt in neuem Glanz. Ein Erfolgserlebnis, das wir uns gönnen sollten!

Register

Abräumen der Beete 121
Acidanthera 19
Anbauplan 86

Balkonpflanzen 11 ff.
Bäume umpflanzen 44
Barbarazweige 38
Baumscheiben 115
Beerenobst 117 ff.
Beetstauden 23
Blausternchen 10
Bleiwurz 16
Blumenrohr, Indisches 18, 19
Blumenzwiebeln 8 ff.
Bodenbearbeitung 59
Bodenuntersuchung 54 ff.
Brombeeren 119
Buddleia 41

Canna 18, 19
Cardamine hirsuta 57, 58
Cassie 17
Ceanothus 41
Chicorée 75, 76

Dahlien 18 ff.
Datura 16

Edelreiser 113, 114
Eibisch 41
Engelstrompete 16
Erdmiete 66 ff.

Feigen 17
Feldmäuse 97
Feldsalat 57, 72 ff., 79, 80
Freesien 18
Frostballen 45
Frostschäden 99
Fruchtfolgeplan 86
Frühbeet anlegen 87
–, Einwintern im 68
Fuchsien 14 ff.
Futterhäuschen 51

Gartenchrysanthemen 22
Gartenteich 34
Gehölze, säulenförmige 37
Gerätehütte 125
Gerätepflege 125
Geranien 10 ff.
Gießen 82, 90
Gießwasserbecken 123
Gladiolen 19, 20
Grünkohl 78
Gewächshaus 17, 79 ff.

Hasenfraß 96
Hecken pflanzen 21
– schneiden 42, 43
Hochbeet 62, 64 ff.
Hochstammrosen 25
Hügelbeet 62, 63
Hühnerdarm 57
Hyazinthen 8 ff.

Immergrüne Gehölze 27 ff.
Isolierfolie 17, 71

Jungpflanzenanzucht 89

Keimprobe 84
Kleingewächshaus 17, 79 ff.
Kletterrosen 236
Knollenbegonien 18 ff.
Kompostieren 57, 58, 60 ff.
Krokusse 10
Kübelpflanzen 15

Lantana 16
Laub 29 ff.
Löwenzahl 76, 77
Lüften 82, 90

Margeritenstämmchen 16
Meerrettich 70, 71
Miete, Gemüse- 66 ff.
Mistbeet 122
– kasten anlegen 87
Montbretien 19
Mutterboden 55

Narzissen 8 ff.
Nistkästen reinigen 47 ff.
Nitratanreicherung 54

Obstbäume pflanzen 101 ff.
Obstbau, Pflegearbeiten 115
Obstbäume auslichten 106
–, Erziehungs- und Instandhaltungsschnitt 110
– kalken 99
–, Pflanzschnitt 109, 110
– schneiden 106 ff.
Obstlagerung 94 ff.
Oleander 17

Pampasgras 23, 24
Pelargonien 10 ff.
Petersilie 82
Pfauenlilie 19
Porree 77
Plumbago 16, 17

Radicchio 74
Rasenmäher 124
Rhododendron 27 ff.
Rosen pflanzen 20
–, Winterschutz 25 ff.
Rosenkohl 78

Samen 84, 122
Schachbrettblume 10
Schaumkraut, Vielstengeliges 57, 58
Schnee abschütteln 37
Schneeglöckchen 10
Schneeheide 46
Schneestolz 10
Schnittlauch 82
Schwarzwurzeln 68 ff.
Spinat 79, 80
Spritzgerät 124
Stauden 21 ff.
Stecklinge 13
Steingarten 24
Sterngladiole 19
Sträucher umpflanzen 44
Strauchrosen 26

Triebausschläge 116
Trockenmauer 23
Tulpen 8 ff.

Überhang beseitigen 47
Umgraben 59
Umveredlung 113
Unkrautbekämpfung 57, 58

Vlies 80
Vogelfütterung 49 ff.
Vogelmiere 57, 59

Wärmedämmung 80
Wandelröschen 16/17
Wasserbecken 34, 123
Wasserleitung 122
Weinrebe, Schnitt 119
Wildrosen 26
Wildstauden 23
Wildtriebe 116
Winterlinge 10
Wühlmäuse 8, 64, 97 ff.
Wundenpflege 112

Ziergehölze pflanzen 20
– auslichten 39
Zuckerhut 72, 79, 80